谨以此书献给我的博士导师
申荷永教授及其核心心理学

汉字，照见心灵

马宏伟 著

河北出版传媒集团
河北教育出版社

图书在版编目（CIP）数据

汉字，照见心灵 / 马宏伟著. -- 石家庄：河北教育出版社, 2019.12（2025.1重印）
ISBN 978-7-5545-5560-6

Ⅰ.①汉… Ⅱ.①马… Ⅲ.①汉字－通俗读物 Ⅳ.①H12-49

中国版本图书馆CIP数据核字(2019)第273986号

汉字，照见心灵

作　　者	马宏伟
责任编辑	孙雪松
出版发行	河北出版传媒集团
	河北教育出版社　http://www.hbep.com
	（石家庄市联盟路705号，050061）
印　　制	廊坊市佳艺印务有限公司
开　　本	787mm×1092mm　1/16
印　　张	13.25
字　　数	230千字
版　　次	2019年12月第1版
印　　次	2025年1月第2次印刷
书　　号	ISBN 978-7-5545-5560-6
定　　价	78.00元

版权所有，翻印必究

汉字，照见心灵

"字里禅心——汉字里的心理学"一直是我想研究的一个文化心理学课题。荣格说，"汉字是可读的原型"，大概也是因为汉字传递了古代圣哲的天道思想。

而解析汉字，又多离不开易经，因为易经为"入道之门"。

所以，解析汉字，有可能距离人心近一点，距离自然近一点，距离天道近一点。

有人说，一个"道"字、一个"孝"字或者一个"易"字，皆可讲清中国文化。

其实，无论怎样讲中国文化，都只是管中窥豹。

所讲，都不是天道本身，充其量不过是投射了自己认为的"天道"。

然而，除了见了性的禅师或者悟了道的圣哲，投射或许是探究入道之门的唯一途径！

所以，借有门，进无门，是禅的境界？

从小我到大我，是入禅的门径？

古汉字源于古圣先贤的悟道，而现代的汉字还有否这个功能呢？

不妨投射一试！

注：对书中所选汉字的解析，仅代表个人观点。

清凉

看是圆中月,又似月中圆。

周而复始外,清净自在天!

(画:太平继程;诗:作者;2017 年 10 月 20 日)

目录

学 003　道 007　时 038　见 040　我 043

孝 050　亲 062　中 066　得 069　君 071

禅 077　定 088　观 091　身 094　命 097

圣 124　贤 126　悟 130　佛 136　心 139

终南 145　既济 149　卦 154

布施 158　集善因 161

梦 164　相 168　须顺 171　射 173

菩提 177　觉 189　苦 195　根 200

明·见

日月一双眼,得见前世缘。
阴阳落当下,明心刹那间!

(画:太平继程;诗:作者;2017 年 10 月 8 日)

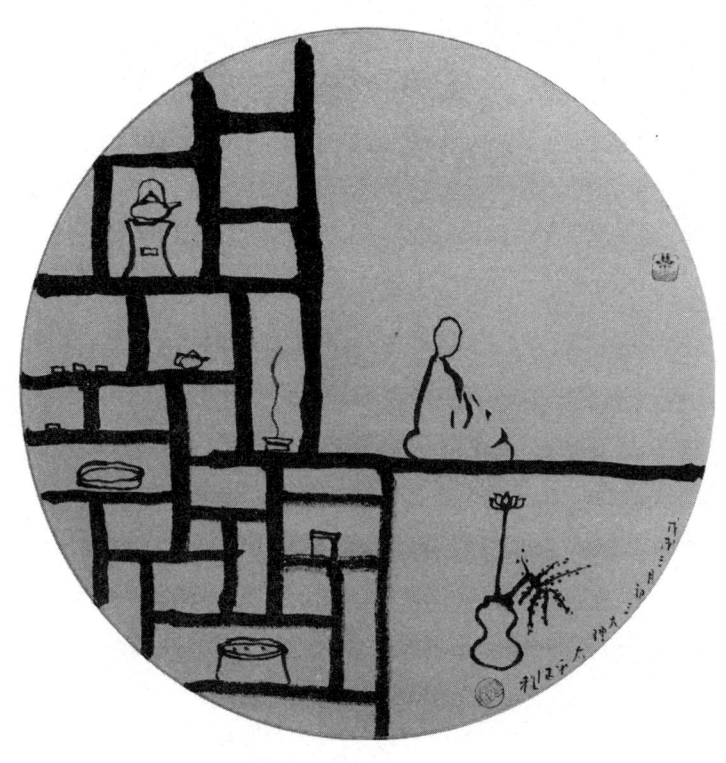

学道时见我　孝亲中得君

禅定观身命　圣贤悟佛心

学

𦥑 學 學 學 学

甲骨文　金文　篆文　隶书　楷书　楷书

　　学，繁体字为"學"，本身是"对孩子进行启蒙教育使之觉悟"，引申为讨论、模仿、注释、讲述、知识等含义。正体的"学"字可以分成上中下三部分：上面是双手持爻的动作，中间是房子，下面是受教育的小孩子。此意是说"学"是一个教育孩子的机构，后来引申为讨论、模仿等义。这是常规的解释，但是我认为并没有解释出"学"这个字真正包含的"道义"和智慧。

一、双手持爻

　　爻是伏羲创制了八卦之后，用来计算高概率可能性的一种测量或计算方法，但是不能仅限定在算卦这样一个行为上，它代表的是一种接近"道"的方法。修道、悟道、参道有许多方法，算卦，又称问易——易为入道之门，是向大自然、向天地宇宙自然问道的方法中的一种。

二、双手相合

　　双手持爻的动作，除了持爻问卜算卦之外，还有一个象征性的意义：那个双手相合的动作恰是"日"，是我们生活的空间的代表——

太阳，它是太阳系空间的代表，也是时间的代表——地球一年四季、白天黑夜不停地围绕着它而形成时间，它还是太阳系甚至是宇宙的星辰关系的表达。

三、包覆之"冖"

许慎《说文解字》："覆也。从一下垂也"，有包覆之意，既然有了"包覆"之意，也就有了"覆"之内外，"冖"（mì 幂）上为外，"冖"下为内，"冖"为中间。像房子，也是边界，是隔离，也是保护，是两物相隔的中间物，也是媒介，而包覆之内则为重点保护之物，重点强调之地。所以，"学"字的被包覆的"子"是重点。

四、重心之子

子，为十二地支之首，代表人类存在的物质形态，根据地球自转与绕太阳公转的规律，人类用"子"来代表起始。如一年的起始为"子月"、一天的起始为"子时"。在时间概念上的"子时"有着极其高妙的意蕴，比如，"子时"特指晚上十一点到第二天一点钟的时间，它涵盖了前一天的最后一个小时和第二天的第一个小时，在两天的交接处汇合。所以，"子时"暗含了过去、现在和未来三际合一的意象，在某种意义上它表达了宇宙整体合一的存在形态，也暗示了心灵整体合一的"过去心不可得，现在心不可得，未来心不可得"，心即当下，无分别。

子，为十二地支之首，在五行中属水，为阳水；亥，为十二地支之末，在五行中也属水，为阴水。而这十二地支的一首一末组合起来，则是"孩"，循环一周，周而复始，是一个创生新事物的过程。生命是动态的，永不停息，如此循环，便产生了如此的首尾相顾、首尾衔接，形成新生命，产生新事物，寓意阴阳和合，生生不息。

子，既为水，便拥有了水的一切特性：水润下，向下流，是重力的作用；重要的是水的适应性：可为坚物，其硬如冰；可为流动，其柔若心；可为湿度，无所不在；可以无象，遍一切处。所以古人常常用"柔弱如水"或者"其坚若冰"来形容心灵。《道德经》是一部完整的水史：讲人的修养或品性，用上善若水、利万物而不争、处下谦卑，基本是用水的特性讲人的心灵，讲人的心性。

如此，对"学"字的理解就绝不是"对孩子进行启蒙教育使之觉悟"这么简单，它还讲了一个带有明确目标的学习过程，而《管子》说"水者，何也？万物之本原也"，既是物之本源，也是心头原初。

双手持爻，是一个学习探索的过程，一个亲手操作、亲历亲为的实践方法与过程。持爻，既是方法，也是过程。手的稳定与适度的把握和爻的变化构成了一个寻找、摸索的过程，任何工具，都可以视为爻，都只是工具。

持爻成日，恰似一个如日当空的象形，既是我们的生存空间，又是我们生存的时间，还代表着光明、温暖。它像日而非日，非日而似日。《道德经》二十一章说："道之为物，惟恍惟惚。惚兮恍兮，其中有象；恍兮惚兮，其中有物；窈兮冥兮，其中有精；其精甚真，其中有信。"

在实体与象征之间，产生了更多想象与思考的空间。

而"冖"所包覆的"子"，既是对人的尊称——老子、孔子，更是智慧的代名词：它居地支起始之位，与末位的"亥"成首尾相接之势，现生生不息之意；它的"子时"融过去、现在、未来于一体，跨两日三时，是一不是二；它代表"北方"、为水、为财，也代表孩子——新生命的初始状；回到它为水的特性：可以坚如冰，可以汇为江湖，可以化为气，可以混于任何物质而不失水性，可以润万物而不失本常……

所以，学是一个带有明确目标的探索过程，那个目标就是智慧——

心灵如水的智慧。开启智慧之门,便是持爻之指导思想。离开了智慧,便失去了"学"的本义。这可能也是《论语》开篇"学而时习之"的根本机要吧。

而现代的教育制造了太多厌学、抑郁的案例,皆因教育之中只有"学习"的外相和表相,而少了"学"与"习"的核心智慧。

道

一

说到汉字，申荷永教授说，荣格将其称为"可读的原型"，易学领域有"汉字为入道之门"的说法。汉代以来将造字法称为"六书"：象形、指事、会意、形声、转注和假借，假借和转注基本属于汉字的使用范畴而非原初的造字方法。象形与指事属于独体造字法，象形简化于事物本身的形象，指事多在象形字的基础上增加了抽象的符号。而形声和会意则属于合体造字法，汉字中约有80%属于形声字，它来自形旁与声旁的组合；会意字由两个或两个以上的独体字组成，并将其形义合并来代表字的意义。

如果说造字是人对客观世界意义的建构，那么拆字则是对意义的分析还原或拓展。本文试图借"道"字的分析追溯其可能蕴含的无意识信息，而这个分析也算是投射我的诸多想法，能否还原，还看有心者的心性。

一、总说

道，从辵（辶，音 chuò），从首（指头）。

《说文解字》："所行，道也。"道，所行也。《中庸》有言："天命之谓性，率性之谓道，修道之谓教。"《道德经》曰："人法地，地法天，天法道，道法自然。"

《周易·系辞上》："一阴一阳之谓道，道者何？无之称也，无不通也，无不由也，况之曰道。寂然天体，不可为象。必有之用极，而无之功显，故至乎'神无方，而易无体'，而道可见矣。故穷变以尽神，因神以明道，阴阳虽殊，无一以待之。在阴为无阴，阴以之生；在阳为无阳，阳以之成，故曰'一阴一阳'也。"

中国文字的奥妙之处也在于其应用之广，含义之丰，叹为观止。以道为例，有生命之道、用兵之道、君子之道、为君之道、夫道、妻道，就连不说理也占了个霸道、不讲道理，描写动物也在大道光照之下：猫有猫道、狗有狗道，军事行为有明修栈道、暗度陈仓之计，还有断其粮道、劫道、抢道，昏庸无能还占了个无道，上当受骗也算着了道儿，生孩子的地方叫阴道，书法原来叫书道，剑法原来叫剑道，喝茶之法叫茶道，宗教传播叫布道，教书育人叫传道，背后算计叫诡道，专职修行人叫道士，以生命为参悟目标叫修道、悟道，平时有个说法也会说道说道、善辩者能说会道，生命轮回有六道，修行有了大成果归于四圣道，中国文化之下有三才之道：天道、地道、人道……中国文化十六字心传也用了"人心惟危，道心惟微；惟精惟一，允执厥中"的说法。至老子创五千言成《德经》与《道经》，乃至于文化中形成了要么走阳光大道、羊肠小道，或者是抄个近道、走个小道，不管能不能走官道，哪怕走个便道，也不建议你走黑道，更不建议你藏在下水道……

《道德经》有言："道可道，非常道；名可名，非常名。"道不可言说，可言非道。所以用文字来讲"道"，有如画蛇添足，头上安头，因为文字所能描述的万不及一，甚至是挂一漏万。可是人类为了交流的需要不得不借助于文字，如此发明了象形、指示、会意等"六书"造字表意。但是论道与悟道，尚需"见相离相"，需要借助一些语言文字或形式来发现其妙意，但重要的是借了要扔掉，过了河就不必再背着舟楫。文字如指月之指，道如天上之月，见道是要见那清凉之月，路途之上可借指月之指。

荣格心理分析提出集体无意识之说，他崇尚道家的无为，所著《金花的秘密》是其参悟《太乙金华宗旨》之后的体验和认识。"'道'这个字由'首'和'走'两个字组成。卫礼贤将'道'译为意义，其他人将它译为'道路'或'天道（天命）'，甚至有人译为'上帝'，就像耶稣会士那样。这些不同的翻译可以表明翻译的困难。'首'可以引申为意识，'走'表示沿途旅行，因此'道'表达的观点如下：自觉的道路。这与'天光'的意思相符，'天光'也作'天心'，'在两目之间'，被用作'道'的代名词。根据柳华阳的说法，包含在'天光'中的人的性和命是道之精微所在。这里，光是意识的象征，而意识的本质又通过光的比喻得到表达。"（卫礼贤，荣格.金花的秘密.邓小松，译.合肥：黄山书社，2011:36-37.）"性和命这两者的统一便是道。道的象征应该是中间的白光（《西藏度亡经》中的中阴身）。这道光存在于'方寸'中，或者存在于'面'上，准确地说是两眼之间。它是创造性的点，这一点有强度却无广度，被认为与'方寸'的空间相联系，它的象征里有广度。这两者一起构成了道。"（卫礼贤，荣格.金花的秘密.邓小松，译.合肥：黄山书社，2011:42.）

荣格用西方的逻辑思维解析了"道"及其象征，具有分析的、逻辑的特点，但仍然在意识与思维层面。于中国文字而言，"道"的会意象征远比荣格将"道"分解为"首"和"走"这两部分要丰富得多，也要细致、细腻得多。故，本文拟从中国文字造字行为之反向来解析这个字，试图将其返本还源，也努力将其意义所代表的真实本义还源。因此，借个道路、言说的规律探寻其"道"，试着从解析的角度解构其义。

二、分说

（一）起始的阴阳

起始三笔：前两笔断开为"阴"，后一笔相连为"阳"，是易经的符号系统，表示事物的两面性，也是"道"的入口与显现之地。或者说阴阳是入道之门，体会"道"之所在，总是会从事物的"隐"与"显"两个维度、"阴"与"阳"两个视角、"软"与"硬"两种强度、"高"与"低"两个位置、"明"与"暗"两种状态表现出来，诸如此类。

上面的阴，意为隐的、柔的、弱的、变化的、无形的、圆形的、可变的、暗的、无意识的……

下面的阳，意为显的、硬的、强的、不变的、有形的、方形的、凝固的、明的、有意识的……

天圆地方，也在讲天的可变与无形，而地方，则是地有方所，有所形质。

需要注意的是，阴阳为事物的两面性，但不可执阴为阴、执阳为阳。《周易·系辞》说"一阴一阳之谓道"，但唐代杨士勋《春秋穀梁传注疏》卷五："或谓之阴，或谓之阳，不可定名也。"弗洛伊德与荣格等所研究的意识与潜意识也需要遵循这一规则，意识可视为显现出来的阳，而无意识或潜意识（个体无意识与集体无意识）可视为潜藏起来的阴，无意识上升为意识则由阴变阳，由意识压抑至无意识则可视为由阳变阴，两者相互影响、互为变化。正所谓"有无相生，难易相成，长短相形，高下相倾"，阴阳是人中有我、我中有你，共生共存的。

荣格认为的"自性"即是一个阴阳合体。他认为"自性是个真正的'对立复合体'","它既男又女，既老又幼，既强又弱，既大又小"（荣格.自我与自性.赵翔，译.北京：世界图书出版公司北京公司，2014：220.），"自性是一个总体，从定义上来看就必然包含了光亮与黑暗的部分"，"自性被体验为一种两半对立体的婚姻式联合"（荣格.自我与自性.赵翔，译.北京：世界图书出版公司北京公司，2014：59.）。

对诸如善恶、高下等对立物的描述以及意识与无意识的探索，既是对阴阳的辨识，也是对心理问题的探寻。而解决之道却不在阴阳，而是在阴阳之上，超越性地架起一座"自我－自性"之桥。

阴阳，可以想到好客体与坏客体——一个人内在分裂机制下制造的互为存在的搭档。好客体，意味着能够滋养主体的好的关系，能够让主体产生温暖、坚定、信任、价值与安全力量的关系，它生于一个有共情能力的客体，或内化了好客体至主体之内，或激活了主体自体的共情能力，它还可以生于"生本能"、建设与创造性，符合人的自然本性；而"坏客体"则意味着让主体产生焦虑、恐惧、破坏行动与"坏"的体验的关系，它往往产生于创伤，破坏了信任与安全的内在基础与关系链接，它会不断地将主体反复地抛置于创伤情境中再次体验受创，激活主体的"死本能"不断地朝向破坏、痛苦或死亡的方向移动。

阴阳，可以是面具与阴影——一个人在关系模式中被塑造、被"允许"或分配的需求与行为方式。面具，是被固化下来可以呈现在某些特定人物关系中的行为方式；而阴影，则是不被允许的需求、想法甚至是被惩罚的行为模式，它带着受挫与恐惧的感受或者创伤性的体验躲藏在阴影之下——in shadow，带着主体天性自然的需求、保护与防御蜷缩在阴影之下，凝聚成一个以分裂出来的情结自我为核心的情绪行为综合体。生活在阴影之下的情绪行为综合体，以情结的方式独立于意识自我之外,一方面乔装改扮掩藏于市井生活之中看似无恙地以"不存在"或者"消失"的方式存在着,一方面伺机寻找"重见天日"的机会——一旦与情结内容、情绪、情境、人物或事件相关的内容出现的时候,那个情结自我便跳脱出来,令人防不胜防。它常常以失误与意外的方式出现,口误、笔误是很常见的现象,而意外或者极度反常则可能是情结自我被引动的标志。看似人格面具恰当地约定了人与人的关系范围与深度,实际上也限定了人的情感与亲密关系的自由;而藏匿在阴影之下的创伤性自我或情结自我,看似被保护或者销声敛迹了,实则变成了一支随时会"起义"或"作乱"的反对意识管控的"自由"力量。

  阴阳,还可以是阿尼玛和阿妮姆斯——男性内在的女性意象和女性内在的男性意象,或者是男人的阴性的部分与女人中的阳刚力量。一个女性,当她成为职场女强人的时候,成为事业上的英雄的时候,假设她的情感、婚姻与家庭没有那么和谐,我们就需要考虑她是否过度认同了职业强人的角色,认同了如男性英雄般的强者而忽略了自身内在的女性情感与性别的发展,或者说我们会思考她是否被男性情结给控制了,是否被她的阿尼姆斯控制了。而一个男性如果表现得过于阴柔或缠绵、退缩,我们不免会考虑他的女性化表现是否来自他对女性角色的过度认同,或者是被他的阿尼玛控制了。

  阴阳,还可以代表智慧老人与永恒少年——永恒少年强调青春与力量,而智慧老人则强调智慧与自然,一个过度强调力量、强调有为、强调胜利的人往往有可能是永恒少年的盘中菜,而压抑或忽视了他内在智慧老人的天然元素;而一个少年或者青年过多地强调智慧的时候,保不准会缺少一些拼搏的力量与冒险的精神。作为原型之一的智慧老人,拥有着人类精神历史的纵深感与生命无常的超脱与淡然,象征了无为,象征了自然,它接受可以消失,可以成、住、坏、空,可以生老病死；而永恒少年似乎童心不泯、永远年轻，生的欲望与力量简直无穷无尽，在有为世界，也在长不大的世界——他的青春情结将其控制在了否认成长与衰老的幻想之中。

这一对对的关系及其转化，此消彼长，无时无刻不是充满着阴阳变化。有阴阳变化则活，无阴阳变化则心之若僵若死。

（二）暗藏的水道

"道"字的前四笔，是一个倒置的"六"，中文有"六六大顺"的说法，足见中国文化中对数字"六（6）"的偏爱。

首先，六为易经先天八卦之"坎"——水（八卦与数字的关系分别为：乾一、兑二、离三、震四、巽五、坎六、艮七、坤八）。《象》"坎"曰："水洊至，习坎；君子以常德行，习教事。"

其次，倒置的"六"（☵），意味着"相对"，或者换位思考，或者关系的相对性，如阴与阳、自我与自性，也象征意识与无意识、显性与隐性等。

再次，倒置的"六"是坎卦符号"☵"的缺笔，像是水的一个象：半隐半显，有隐有显。"六"是显现出来的，"、"则是隐藏进去的，有如意识是显现出来的，而无意识是隐藏起来的。缺笔在乾位，或许是提醒行事不可过阳、过刚，而需遵循坤道或无为之法，当然也可以是提醒缺笔的坎卦隐藏着乾阳之力，伺机而出。

古人云：一轮明月照水中，只见影儿不见踪，愚夫当财下去取，摸来摸去一场空。看到的月中影像是显现出来的，而隐藏起来的则是那实体的存在，显与隐结合起来才构成相对完整。

荣格心理分析，注重自我的强固，注重自我与自性的连接，建立并发展"自我－自性"轴是其开启自性化的重要过程，即从倒置的"六"到"☵"到水的完整过程，传递着一种在而不在、不在而在的道法。缺笔，往往传递一个隐藏和邀请的信息，暗示参与者关注萌而未发的部分。就像荣格所言数字"3"与"4","4"往往象征了完整性或整体性,如十字架或者正方形四位一体的完整,而"3"则表达了完整性的潜在力量或者是缺损的完整性,有如"补偿性的三位一体"(荣格.自我与自性.赵翔,译.北京:世界图书出版公司北北京公司,2014:219.)。

"六"及其倒置的写法,或多或少都与水、与坎脱不了干系,因为生命之初即是水的状态(液态),生命之源亦是水源,生命最初的孕育之地——子宫,也便是水的宫殿,坎卦(☵)隐去的乾位之阴(－)有如暗藏怀孕的生命精灵,精子与卵子结合为受精卵即是生命的雏形,即是阳的状态显现;而未结合之前的精子与卵子均是未开启生命之门的准备状态,只有这一个碰撞的结合,精子与卵子相合才能够打开生命的创造力,产生百年形体与无穷智慧的创造机会,否则只有一月存活之期的精子与卵子便永无出头之日。

所以,这少了乾位的坎卦(倒置的"六"),或者说是隐藏了乾阳力量、缺了一角的坎卦,又何尝不是在言说着生命创生的密码呢?这无中生有、阴中生阳的秘密早已经写在了一个"道"字之中。

(三)隐身的"六道"

在中国文化体系之下,一向有"有身之心"与"有心之身"的说法,即身心向为一体,讲心的时候不离身,说身的时候不离心。所以,一般出现眼、耳、鼻、舌、身、意其中一种情况的时候,也往往暗含了其他器官与功能的存在,是一个"功能群",而不是单一的某个独立的器官。如,目,是能看之眼,其功能是观看,所看的对象是色,而从目发挥功能到看到色需要视觉神经正常、光线充足、注意力集中、距离合适、方向相对等诸多条件的聚合,缺少一个条件则可能形成"视而不见"的结果。

所以,"道"中间的"目",既是眼目,也是心目;既是能观之眼,也是可观之心。是为"道心",而相非道,离相可见道。所以,"道可道,非常道"。而这一道心"须臾不可离",且"可离非道也"。这显现的目和隐藏的六道之法,同时又是隐与显的阴阳之法。

何者为心?在目曰视,在耳曰闻。可见,这能看的眼、能听的耳、能嗅的鼻子、能觉的身体、能思的头脑及能够品尝味道的口舌,都是心的功能体现,六道本是一道。如同手掌,五个手指头,却原来都是手掌的一部分,都是手掌功能的组成与实施者。由此想到那一个"悟",岂不是眼、耳、鼻、舌与意根归于身心一体?悟道的天机也在这一字之中。

佛家有六道轮回之说,讲的是生命的六种反复变迁的流转形态,比如有福气有资源的天人、有天福无天德的愤怒好斗阿修罗、愚痴未化顽冥不开的畜生、贪婪无度索求不停的饿鬼、痛苦不止不见天日的地狱,以及无数次往返于这五道的人。六道轮回,是不稳定的创伤性重复,精神分析叫它强迫性重复,即创伤的再现。在人的心灵世界,有情趣有资源可以视为天人、愤怒即是阿修罗、伤人的恶念即是畜生、不知有止即是饿鬼、自我限定即是地狱,如此的象征更容易让人自我觉醒。这六道象征了生命自我设限的狭隘,也象征了心灵僵化的固守,却也给出了跳出三界外、不在五行中的解脱方法——生菩提心,一心一意普度众生,我即众生,众生即我,消灭了人我差别的平等心即是解脱之道,超越了善恶好坏的超越功能是通往解脱之道,建立了自我-自性"轴——建立了自我之小我与人类生命之大我的关系也即走上了解脱之道。

(四)如水的自性

"道"字,阴阳符号下面的,也就是"道"字的中间核心地带是"自",自我的"自",自性的"自",自身的"自",自己的"自"。何为"自"?尚无更为深入精准的字源学考证和解释,对此的基本解释或许是"日用而不知"的。

自，此以鼻训自，胆气满声在人上也。亦皆于鼻息会意。①象形。小篆字形。象鼻形。"自"是汉字的一个部首。本义：鼻子、鼻息，存在。②同本义，表示本人，己身，多用词语自己，还表示从、由，如自从。有名字（应为"名词"，作者注）、动词、副词、连词、形容词等多种用法。除去用四指握拳拇指指鼻这个手势表示"自"之外，几乎无人会想到这个"鼻"也是"指月之指"而非月亮本身。

很多人都知道，我们经常在表达自己、"我"的时候，会用一个手势，左手或右手攥成拳头，大拇指翘起来指向鼻端。我们看到的是大拇指指着鼻子的位置，也就误以为用鼻子指代自己。其实不然，如果我们把目光稍稍回收一点，看一眼做这个手势时手的样子——四指并拢弯曲握拳大拇指伸开指向鼻端，那个姿势便是"自"——翘起的大拇指是第一笔"丿（撇）"，并拢的四指弯曲握拳形成的"目"与其合成为"自"。将这个指向鼻端的手势及其所指的目标——人联合组成的这个整体，才是"自"的本来象征。

这个过程或图像展现的是能指的手与所指的鼻及其支撑这个过程或现象的信息关联群，再加上产生能指与所指的心性本身，才算是回到了自性本原的表达。这个自性无形无象，却展现得无处不在，如水一样，遍一切处，看不到时想想温度和湿度即会明白。

这个"自"，也有自体之意，就像一个从水中诞生的生命，有眼目身体，有觉知意识，心理与自我意识开始逐渐生成。有了可以觉知的身体，也有了可以区分他我的意识分野。自我作为意识的基础与中心和作为生命原型的自性一旦建立了关联，就像一滴水归入汪洋大海，既有独特性、个体性，也不失整体性、普遍性，体验到这个既是独特的、又是普遍的融入性经验的时候，距离荣格所说的自性化道路就近了。

"自性身为'统合的统合'，代表着人类心灵中的原始权威形象,然而体现在自性中的原始权威是原始的,是一种'令人敬畏的神秘(mysteriumtremendum)',结合了爱与恨,如同《旧约圣经》中的耶和华",这个"极度富有圣秘性(numinosity)"、"既光明、又黑暗"、"在集体心灵中负责组织统整中央动能"(唐纳·卡尔谢(Donald Kalsched).创伤的内在世界:生命中难以承受的重,心灵如何回应.彭玲娴,等译.台湾:心灵工坊文化,2018:49.)(荣格所说的"自性Self",并非禅宗的自性——佛性是指"诸法各自有不变不改之性",作者注)的自性原型(archetype of the self),为自我提供源源不断的力量与资源,为自我通向深度无意识或集体无意识,打开了一道神秘之门。

(五)原初的基首

甲骨文　金文　战国文字　篆文　隶书　楷书

"道",一阴(阴爻,--)一阳(阳爻,—)加上"自"性本来,就成为一切存在首要、第一存在的基础和前提。有可能它呈现的是自性显于阴阳,阴阳显发自性、出于自性,这是一切的基础,是认识论的基础,也是存在的基础。

首:从巛从自。巛像髪,谓之鬊。象发形也。①象形。金文字形,上面是头发和头皮,用以表示头盖;下面是眼睛,用以代表面部。本义:头。②同本义,象形字,本义指头,脑袋瓜。在句子中有可因词性变化而引申出其他意思,可以用思考、思维方式、想法或是方法来作为新解。

首,有头的意思,如昂首阔步;有领袖的意思,如首领、首长;有最先的意思,如首先、首创;有第一的意思,如首要、首席;后来增加了告发等"自首"的意义。

所以，认为"道"之首要基础便是从事物的两面性（阴阳、对立）的角度去明见心性、究其本源是有道理的。其"首"要之核心在其"自"性而且是首要的头等基础，佛教禅宗的"明心见性"或可作为见道的首要或核心目标吧。

按照生命成长的轨迹，如果说坎卦与倒置的"六"在讲生命之初与怀孕及诞生、"自"与"目"在讲自我的产生与功能的强固，那"首"或许可以象征一个生命发展的目标，象征一个思维的头脑，象征一个生命成长的方向，象征一个个体生命与人类生命的普遍性存在的样貌，象征个体智力的开发与理性的成长，让一个人变得有头脑、有思想、有智慧、有想法，成就个体的辨识功能、判断功能、整合功能、领导功能、指挥功能、协调功能等诸多人性化发展所需要的能力。以此类推，那"走"的意义，则是行动力与执行力了，是落实的能力，是操作的能力，是做到的能力。

（六）遍行的十方

"道"，除去"首"的部分，便是"走"了，行动、行走、行为的意思，也是执行的问题。

走，可以作两种拆分：一是分成"土"与"止"。走，从夭从止，会意。"土"下面是一个"止"。二是分为"十"与"正"。我们先讨论"十"。

十，既是一个圆满的表达，也是"十方"，即宇宙的意思。在佛教中的十方，原指十大方向，即上天、下地、东、西、南、北、生门、死位、过去、未来。或许我们可以简化为十个方向：东、西、南、北、东南、东北、西南、西北、上、下。

佛教谓十方无量无边的世界。《无量寿经》卷下，佛告阿难："无量寿佛威神无极，十方世界无量无边不可思议诸佛如来，莫不称叹。"

《道德经》说："有物混成，先天地生。寂兮寥兮，独立而不改，周行而不殆，可以为天地母。吾不知其名，强字之曰：道。强为之名曰：大。……人法地，地法天，天法道，道法自然。"

所以说"道"遍行十方无量世界，是充虚空遍法界而无物可缺、无处不用、无时不在、"须臾不可离"的。

这十方，也可以象征曼陀罗，象征坛城，象征无限大同时无限小的以太，也可以象征荣格的"Self"——它"似乎代表了心灵中所有对立元素的统一原则，并参与了所有元素激烈的动态"，"（自性）一旦成形，便成为自我的'基础（ground）'，并且在个体天生人格潜力规律均匀的开展之中，成为自我的'向导'。"（唐纳·卡尔谢（Donald·Kalsched）.创伤的内在世界：生命中难以承受的重，心灵如何回应.彭玲娴，等译.台湾：心灵工坊文化，2018：49.）这个遍及十方的自性，参与了生命存在的一切形式、状态与过程，在这个自性原型的基础之上，产生了人的自我，雄居于意识中心，参与并指导意识行动。

（七）修身的正心

"走"中"十"字之下，则是一"正"字的变形。"正"，止于一，为一心一意，为专注。《大学》："欲修其身者，先正其心；欲正其心者，先诚其意；欲诚其意者，先致其知；致知在格物。"西汉刘向《说苑·修文》有"检其邪心，守其正意"的文字，汉代应劭《风俗通·声音·琴》也有"夫以正雅之声，动感正意，故善心胜，邪恶禁"的著说。

一心（正）是合于道的物我两忘的状态，而如果心不正则无法合于道，无法真正地修身。如《大学》有言："所谓修身在正其心者，身有所忿懥，则不得其正；有所恐惧，则不得其正；有所好乐，则不得其正；有所忧患，则不得其正。"

宋代程颐在谈到进修之术时说："莫先于正心诚意"（《遗书》

卷十八），朱熹将正心赞为"万世学者之准程"（《朱文公文集》卷七十八《复斋记》），而明代王畿则有"正心先天之学也，诚意后天之学也"的区别之说。

所以，"道"字将"正心诚意"等修身八条目暗自镶嵌于"走"之中，或可提供一切心性意念皆需要在行动中修身、在修身之中行动的指导吧。

（八）唯心的观止

将"走"字拆开，是"土"+"止"。

止的变体

中国汉字里，带"土"的字都跟大地、土地有关，也跟"心地"有关。而"地"有"能生"之意，生养万物，有涵容、承载之意，"厚德载物"即是讲坤卦的卦德。语本《心地观经》卷八："众生之心，犹如大地，五谷五果从大地生……以是因缘，三界唯心，心名为地。"《六祖坛经·疑问品第三》："使君心地但无不善，西方去此不遥。"唐代寒山《诗》之二六七："我自观心地，莲花出淤泥。"

《大学》有言："大学之道，在明明德，在亲民，在止于至善"以及"知止而后有定"之言。唐代孔颖达释为："言大学之道在止处于至善之行。"宋代朱熹在《大学章句》中解释说："止者，必至于是而不牵之意；至善，则事理当然之极也。言明明德、亲民，皆当至于至善之地而不迁。"

《艮》：艮，止也。时止则止，时行则行。老子《道德经》四十四章："知足不辱，知止不殆，可以长久。"

《庄子·内篇·德充符》里记载仲尼之言："人莫鉴于流水，而鉴于止水，唯止能止众止。"《论语》曰："止吾止也。"《商颂》里的"邦畿千里，惟民所止"和《正义》所说"止谓心之所止"，皆在讲"于心有止"即心即止的意思。

如若对中国汉字书法感兴趣，或可发现"止"也有"心"意，如"耻"字的书法中有把右边的"止"写成心的写法——耻。

此意为走，即是心地的执行、变现或流转。

三、借用

虽说借用，却也是无用可借，因为"二"中所拆字也是根据汉语的造字规律来拆分的。然则一遇到荣格分析心理学，这个字的拆分却可以产生新的意象或意义。前文中提到荣格认为"'首'可以引申为意识，'走'表示沿途旅行，因此'道'表达的观点如下：自觉的道路"。借用荣格解字的方向，或许可以作一个新的具体化的象征性思考。

（一）"首"的思考

荣格认为"首"可以引申为意识，我们可以试着把它细化："首"字，"丷"+"自"的解释，或可想象到有自我与自性的含义。

1. 自我。
2. 自性。
3. "自我－自性"轴。
4. 以阴阳的变化视角看待"自我－自性"轴及其关系。
5. 以阴阳变化的视角看待意识与潜意识的转化。

自我来自自性原型，居于意识中心，还含有"自我－自性"关系的连接。而阴阳字符也象征着父母，自我之身从父母关系中产生，从母亲身体里产生。"自"在阴阳之下，也在倒置的"六"——水之下，象征人生于水，出生之后渐渐产生自我意识，建立关系，可以起立行走，也可能增加意识的思考。而自性仍在中间，逐渐成长。当人向内思考、向内探索的时候，中间那个"自"性便与意识自我相连，成为"自我－自性"轴，个体就从自我中心、私欲人格，走向了大我的完整与无我的超越，养成菩萨人格，随心所欲了。而这个过程，仍然需要这个"首"脑、这个意识作指引，需要一个清晰、理性的目标指向来落实。

（二）"走"的思考

荣格把"走"视作沿途旅行，可以是身体力行的行动力，也可以是智慧思想的流转力，还可以是心理发展各阶段的旅行，整体来讲是一个在自性原型基础上的自我功能的强固与意识化的行动力。

1. 顶端的"十"象征自性之圆（曼陀罗）。
2. "土"象征坤卦"之"厚德载物、大母神原型。
3. "一"象征无为。
4. "止"象征心——灵动、变化与可能性。
5. "止"象征停——边界。
6. "正"象征身心合一。
7. 走，心灵觉醒后的自性化旅程。

正如这倒置的"六"字，含有阴阳之义，也有弱水三千之意，而水是一切生命的原初形态。生命本身的行走，也正是从单一走向圆满、从静止走向灵动、从有为走向无为的自性化的过程。

四、结语

（一）虚实的大道

综上所讲，便构成了"以自性核心的首要的无形无象之眼目，现于阴阳的入道之门，体现出一心一意专注的心，即可遍行十方"的"道"。

实实地讲，道即心，心即道，离心无道。也就是说，从来就不存在离开主体的客体与离开客体的主体，而道的体现与存在也表现在虚中显实、实中显虚、阴中有阳、阳中有阴。

合于自然，即合于道；违于自然，即悖于道。

心理咨询与治疗，即是一个合于道的咨询师陪同一个近于道或者偏离自然生命之道的来访者，一起走向道、回归于道的过程，一个借意识联通无意识，无限趋近于道的探索过程。

不过，切不可将道视为实在之物。《道德经》二十一章："道之为物，惟恍惟惚。惚兮恍兮，其中有象；恍兮惚兮，其中有物。窈兮冥兮，其中有精；其精甚真，其中有信。"所以，若以道论，须虚而实之，实而虚之，虚实之中，或可见道。

（二）近道的治疗

根据如上的分析，或可思考如何将一个咨询与治疗的过程与内容合于道，如果说一定有一个方法是合于道的治疗，或可称其为"发现无意识"，或者名曰"明心见性"。需要明确的是，有了对"道"的认识和体会并不等于就能够将咨询与治疗合于道，因为每个人对心性的体认，对道的认识与体验并不相同，也从来没有一个标准化的"道"的东西，所以心灵的疗愈就不只限于治疗师自我无意识与集体无意识的发现，还必然包括了来访者对道的体认以及相互关系的演进是否合于道的考量。

而此种分析，借助汉字的原始生成的象征而返本还源于宇宙生成本身，或许尚能从内心中明晰一个清明可见而又无形无相的心性作为道的本源，"信为道源功德母"，借助汉字这一外显的"相"，探寻成"相"之前集体无意识的生成，或许可以对人性、对宇宙的空性有一些认识和了解。相信这样传承下来的几千年的人类智慧正是道的体现，借助这一深度智慧用于心理治疗，可以陪伴来访者渐次一步步地解析或者解构对生命或者疾病的过度认同——在强固自我的基础之上，再解构现实的概念而返璞归真于无形无相的存在本身，建立一个近于道的人生观、价值观和宇宙观，或许是一种鲜活的疗愈。

（三）边缘的舞蹈

一位边缘型人格倾向的女性，出生于计划生育政策执行的高峰期，父母亲都是农民，自述姐姐弟弟受宠爱，自己从小没人管，在"爸爸天天玩，妈妈天天贬"的环境中长大，十来岁时有了死的想法，也作了尝试，但是因为害怕死不成而作罢。自己十一岁时弟弟夭折，父母便将失子之痛转移到来访者身上，少不了打，断不了骂。没有朋友，经常被老师惩罚、被同学欺凌，好不容易大专毕业，又找不到工作，被母亲取笑"养条狗还知道看家，你除了吃还能干啥"，结婚后即离异，被夫家赶出家门，留下一个儿子传宗接代。一连串的打击让她身患抑郁症，后来谈恋爱想结婚才发现新约见的对象心有所属。越来越多的情绪不稳定，缺少理性思维，易冲动、焦虑，常陷入抑郁状态，常对人过分理想化或过分贬低，近五年多的精神分析学习与治疗，最长治疗关系持续不超过半年，混乱与不稳定成为她"稳定"的特征。

或许直接从治疗师的反移情入手，可以分析到这位女性来访者几乎是"泡"在被拒绝与被厌恶之中的，这成为她人际关系的无意识模板，断裂、被惩罚的经验与拒绝和厌恶的情感时刻会投射给她的关系人，而获取理想父母的关心与爱成为她四十几年的渴望。由此，想要、要不到，想信任、可是又不敢信任，建立了关系、又迅速地断裂，这种超级不稳定的现实关系对应着超级不稳定的内心世界与价值感，对身份与职业价值认同中充满着不稳定和虚无感，而不时地挑衅治疗师，也成为分析工作中的常态。

这是一个边缘型人格倾向的心灵舞蹈，特点是不稳定，这个不稳定表现在方方面面，而这个不稳定却又超级的稳定——从行为到内心感受，从关系到自我身份，从认知到情感世界，从工作关系到治疗情境，全部是伴随着不稳定发生的。需要透过"不稳定"来发现她的"疗愈之道"。

《道德经》四十章有言："反者，道之动。"反者，循环往复也，反复也，也有相反的意思，更是反复之意。精神分析理论中有对症状的强迫性重复之说，讲的也是反复出现的现象，而反复出现的现象都是未解决的问题。所以，可以按照"道"的象征与解析路线来探索这个案例的治疗思路。

1. 阴阳入口。稳定与不稳定是这位来访者核心的表现，如果把不稳定定为阳性的话，那么稳定就成为阴性；相反，把不稳定作为阴性的话，稳定就视为阳性，这是一对关系，相对而言的。而她过度的不稳定部分，需要减少或降低，增加稳定的因素和比重。从事理、现象上看，无论她的行为、想法或情绪都处在可变之中，将其转化为稳定的方法是将视角从现象转移到功能区域，即感受那个可变与不变的功能作用——是谁感受到这个关系变化了？是谁觉得抑郁了或者平静了？抑郁变了、心情变了，可以感受抑郁或者心情的那个功能没变——像镜子一样只映照不留存。即把一对对的分裂成对的现象、感受、行为或想法，提取出来对比并将注意力拉回到对这些现象、感受、行为与想法的觉知功能上，这也是一个分离-个体化的过程——将功能与其作用对象分离，让功能本身独立出来。

2. 藏乾变阳。将"六"（☷）暗藏乾位的隐喻用在来访者身上，就可以尝试作如下解释：

边缘型人格障碍患者内在的阳性不足，即她的阳刚、稳定性、男性功能（阿尼姆斯）处于暗藏的状态，也就是禅宗强调的定力不足，需要坚固，用以强固她的自我功能应该作为治疗的重点。乾，为天、为父、为男、为领导，而来访者与父亲、前夫、以往的男性咨询师关系都是不稳定的，即她关系中的这些男性关系人自身的稳定性就不够，没有办法给到她稳定的客体，治疗中就需要将她内在的阳性唤醒，用以取代在阳性力量不足的外界关系，将暗藏的阳性（乾）转变为显性的阳。治疗中，治疗师用不倒翁"晃而不倒"的现象来解释令来访者头疼的变化与不稳定，从中发现无论外形怎样变——情绪、想法或者人际关系，自己这个能知能觉的主体并没有变，并把感知力与觉知力投放到这些功能上来。一旦来访者体验到了不倒翁底部不动的部分决定着上面晃动的部分之时，她从内向外散发出来的喜悦则成为她稳定力量的唤醒者。同时，治疗师的稳定——包括来访者讨好、攻击、试探、诱惑、突破设置的一系列行动之前，不动不摇——心不动，观察、觉照与情感则随其变化，并体会、转化其反移情内容，再对其进行相关工作。

3. 六道变阳。隐身的六道，一则是说眼、耳、鼻、舌、身、意是心灵运作的六个渠道，把注意力从眼所观的色、耳所闻的声、鼻所嗅的香、舌所尝的味、身所感的触与意所思维的法，拉回到眼、耳、鼻、舌、身、意的功能本身上来，就将其从色（行为）、声（评价）、香（气味）、味（味道）、触（距离）、法（思想）这些外显的现象，向内移动到了功能本体上来，功能从隐藏状态变为显性，现象从显性变为隐性，也就是来访者本身的自我及其功能从被贬抑的状态变为阳光状态。比如来访者在讲到有时候感觉自己"一无是处""活着没意思"，又有时候觉得自己挺有创意的时候，治疗师会问她"一无是处、活着没意思以及挺有创意，这些感受和想法的主人是谁"，进而确定这些感受和想法都归属于同一个主人——自我（我自己），确定自我主体之后再分析这些想法、认识和感受是受了怎样的关系、环境、人物和事件的影响而产生的，又是如何消失的。如此渐渐引导来访者感知到"我"不变，"我的"会变，慢慢关注"我"而与"我的"保持距离。

4. 自性如水。将来访者的认知与自我评价现象化，看到这个不实的不稳定性，而感受这些评价的心灵功能不变，但可以随着不同的情境产生不同的感受与认识，将功能性自我与本能性自性逐渐建立联系——自我功能与情境相处，辨析感受、想法，决定行为动与静，而促进自我功能之"用"的根基在自性本身。这样就建构起一个"自我－自性"轴，并在这个轴心之下，来自如应对自我所应对的现象。有来访者梦到自己剃头并出现五个痣围成一个圆，犹如一个圆形的曼陀罗呈现了她自性的力量，也是去掉伪饰发现真实的过程，预见了她自性力量的显现与未来发展的可能性。

5. 强化核心。原初的基首，讲的是核心的、基础的目标或任务。这位来访者的核心是建立稳定感，发现自我功能，并确立价值感，简单说就是建立稳定的自我价值体系，在不断感知到自我价值与生命意义的同时，来访者的稳定性渐渐可以锁定在自我功能上，其表现是减少了自我贬低与向外的权威认同，越来越趋向于自己的思考、自己的感受与自我的决定。比如来访者对外界人和物的评价趋于负性，投射了其内在负性自恋的阴影与客体关系，尤其是父亲与母亲负性原型意象的困扰，而解决的办法是发现其反转的力量——在父母极度贬低之下顽强地生活了四十几年而没有被打倒却转身成为一个管理者、助人者，指挥别人、帮助别人解决困扰或障碍，是什么力量让你做到的？

6. 十方检验。在"遍行的十方"之中，讲述的是心灵的应用。当治疗中不断地稳定在"从不稳定中找稳定""提高阳性赋能""渠道发现阳性""建立自我－自性轴"这些设置框架之下的时候，就可以据此来检验来访者后期的现实关系是否发生了变化，或者其是否反思了之前行为、思想、感受与认知。不断的反思与觉醒，使得来访者不断地接近稳定的自我，虽然这个变化很不稳定，但摇摇晃晃地朝向稳定性前进已经是不错的效果了。在进行了一段时间的咨询后，她表达了一个从来没有过的认识："我突然发现我的生活环境那么差，爸爸妈妈教育那么烂、那么糟糕，我居然没有被整死，还可以事业有成，也证明我的生命力强大吧？！"

7. 正义修身。当渐渐地拥有了自我觉察的能力之后，来访者就可以在现实生活中检视自己的工作、生活、人际关系以及自我价值等等方面，用自我功能的稳定性来修整行为——人际关系与关系模式、思维模式与语言技巧、感知能力与评价系统。这部分需要不断地提醒与沟通，并渐渐修正。目前，来访者逐渐清理了多重关系，重新选择工作，并跟原单位协议合办了属于自己的新平台，也开始尝试自己写些文章玩味。当她把能量转移到一个积极正义的事业上的时候，其身心状态也逐渐地健康积极起来。

8. 观止唯心。这个目标对于这位来访者而言，自有其难处，但作为一个长远目标，我想是可以的，也就是不断地提高稳定性（止），不断地提高观察力（观），不断地将心灵的功能与作用对象作分离性处理，将是终生的成长方法与路径，也是促进其自性化发展的重要方法。在为她提供心理分析的过程中，治疗师体验到了深度而深厚的反移情：厌恶、拒绝、贬低、嘲笑、混乱、挑衅、讨好、怀疑、算计、考验、试探、背叛、断裂……如此浓重的负性情感中浸泡长大的来访者，非常熟悉负性与不稳定的关系，很难信任一段好的亲密关系，而这些反移情所呈现的便是围绕在来访者心灵周边能量巨大的杂草，而滋养这些杂草的除了传递负性能量的父母或关系人之外，来访者本人也算"功不可没"——她投注了非常多的心力用于自我攻击，分裂自我用于替代重要的负性客体。治疗师的稳定与对设置有力的维护，一定程度上帮到了来访者，使其从一个阴性道路上行走的孤独的灵魂，从"时刻准备着绝望"的状态之中，渐渐出现在阳光之下，复归其道。

五、反思

对中国文化的喜爱始终伴随着我的成长与专业发展，而荣格心理分析的学习过程也帮助我学会从外国老师的视角下看待中国文化。比如日本京都会议期间我采访的默瑞－斯坦（Murrau Stein）和约翰－坎布雷（Joe Cambray），他们的话让我受益匪浅：借助荣格成为自己，而不是成为下一个荣格；一个分析师应该更好地研究本民族文化、更好地服务于滋养他们成长的民族。历届"心理分析与中国文化"论坛上的交流也是在探索道的文化、探索中国文化与心理分析的联姻之路，发现中国文化中的疗愈之路。

在"道"的探索道路上，没有上文所写的复杂，而反思的细腻之时却可以生出一些对道的认识和体悟，最重要的，唯有在本心处，个体心灵才能够自由徜徉于集体无意识的广袤天空而不被淹没，或许这可以是个体的心理分析之路。

二

"道可道，非常道；名可名，非常名"，这是流传了几千年、滋养了全世界的《道德经》开篇的话。无论是政坛庙堂，还是市井坊间，用"道"之处无所不在：经营之道、生存之道、成功之道、夫道妻道、茶道、剑道等，都试图用归元还本的方式来体现自己的境界之深。那究竟什么是"道"呢？

用文字来讲"道"叫头上安头，叫画蛇添足。为什么呢？文字能够描述的太肤浅、太表面了，但悟道论道，还是需要借助一些语言或形式的，借了再扔掉。须知：大道至简。中国的文字，象形、会意、形声等，均是以形演象，借象喻意，讲的是个悟性，万不可执着于文字本身。这个"道"亦是如此。

"道"分几个部分：

首先，是"首"的上半部分，是"丷"（==）短横代表阴，长横代表阳，表达了事物的对立而又互为依存的两个部分。这个部分提示我们：讲道，研究道，只能从阴阳入手——从事物对立的两面入手，一分为二地进入"道"的领域，不借助二分法，无法近道。

也就是说高，需要借助于低；讲好，肯定是因为有个坏；谈君子，需要相对于小人；以为漂亮，必定是有个丑陋作依托。如此，富有对贫穷、黑暗对光明、智慧对愚痴、高大对弱小，这一对一对出现的词语或现象，就是道的存在的一种表达，是借助于道的两面性来体现的。反过来讲，只讲一部分，就不是道了，是分裂的，是对立的，是敌对的。在人生这个范围里，如果只接受某一部分，那便是不接受另一部分，是把人分裂了，在行为、语言和内心中否认了这个人、这个事的另一部分。比如，有人说喜欢美女，讲的就是他把人分为男人和女人，可能还有双性人，然后再把女人分为美女和丑女，那他只选择了不超过四分之一的人相，同时把其余三种人划归到了他认为"非美女"的行列里，可能有否认、可能有分裂、可能有攻击、可能有不屑，总之不是接受全部。不接受对方的全部，反过来讲就是不用自己的全部来接受对方，那是什么？那是自我贬损——把自己存在性的心量分裂、压榨成为局部——遮蔽另外的功能而只体现局部，而后再投射到对方的身上。说只喜欢美女，体验到的是喜欢时的感受，而厌恶、不屑、拒绝、隔离等情感同时被唤醒，只是存储在前意识或潜意识之中，变身为"空气"一样：无色、无味，不是那些体验和感受没有了味道，而是自我关闭了体验和感受他们的功能，仅体会道的小部分存在性，加以幻想、扩大，以骗取自我相信另一部分的弱小和不存在。

那种幻想、压抑、否认之类的作用发生之后，那个"道"的其他部分还存在吗？存在。它是如何体现或起作用的呢？在你愤怒、委屈、焦虑、恐惧、逃离的时候发生，因为被人为潜意识中改变掉的部分会反作用于那个单项的局部选择。比如，我们对人或事物的接受，就像照相一样，只是摁下快门，"咔嚓"一声，那个物的本来面目就出现在相机或底片之上。而只接受局部的人呢，会花费心思去修饰那张照片，去掉他认为不喜欢的，修改他认为不合适的，调整他认为不满意的。否定掉部分的存在，而用另一部分取代它们。

这第一个动作，是在心里否认本原的存在——否认之前是曾经发生了被否认的经验，然后把它分裂成对立的两部分——以保护幻想中幼小且无能的自己，然后把其中一部分压抑、隔离、掩藏或修改——将自我保护的功能加固，同时激活了因启用否认、压抑、隔离等等一系列动作的深层自保运动——从存在的角度，也叫保护存在本身。这种修改或修饰的同时已经激活了否认、隔离的副作用：以被自己或他人发现、修改为代价，继而是尴尬、羞愧、脸红、愤怒，甚至在行动上毁灭对方。

这叫什么？《道德经》有言，"反者，道之动"，翻译成现代汉语就是"作用力与反作用力"。也就是说，力量没有单一存在的，所有的力量一生发，必然需要一个相反的力量助推：射箭，必须朝向箭尖相反的方向拉弓；抬脚，必须向下用一个力，脚才能抬起来；看汽车有没有向前走，需要看一看车外的树或建筑物；黑暗的程度，要看光明的存在情况；对温暖的体验，要借助于严冬的经验。

所以，离道愈远，恐惧愈甚；恐惧愈甚，控制愈强；恐惧愈强，愈要控制；愈要控制，离道愈远。一个死胡同，走到头还是死路一条。那怎么办才是绝对对的呢？接受道本身，即接受完整的事实，接受完整的自我，接受所有的存在——相同或差异，喜欢和不喜欢都接受，就接近道了。

为此，中国古代把阴阳作为研究事物的方法，认为所有事、所有物均是对立统一，有好就有坏，有大就有小，有善就有恶，有苦就有乐。少了一方，另一方也不复存在。所以，研究道，必须找一个切入点，建立一个评价标准，才能够隐约地接触到道。

到此，且静一下；表扬、赞美一个人，喜欢、关心一个人，会有什么？会有两个层面的境界。其实一讲"境界"这个词，就已经划分了对比的双方：情境、界限或边界。这是提醒我们，看到"界限或界线"的一部分的时候，要注意还有另一部分存在。第一个层面：是对立的双方，即立足于差异，有表扬，就有一个对应的批评；有关心，就有一个对应的漠视。它是因为心有分别，所以心所投射出来的光影自然也是分别的。第二个层面：是完整的整体，即立足于存在，立足于内心的完整，不分别，表扬时就只有对他的表扬，而丝毫没有任何的对比，既没有他和他之外的差别，也没有表扬之外的他意。第二个层面是在道的层面。

这是阴阳。

那阴阳之下呢？是"道"的中间——"自"，是自体，也是自性，宇宙本来面目即是其自体遵循"道"的规则与力量而显现存在，显出来的是像，隐在其中的是道，那个阴阳是道的作用发挥时显现出来的表相。这个"自"就是我们的心，手、脚、眼、耳，就是我们内心的相，是心的功能的体现。少了手，还是那个人；缺了脚，那个人也没有变成别的物；没了眼，只是看起来和以前不一样；失去了耳朵或者听力，也只是不再使用这些功能而已。人还是那个人，是我们可以辨识的那个人本身，那个人的特性还在，那个人的心还在，也就是他的"自"还在——他生存的最基本条件还在。

"丷"，加上这个"自"，就组成了"首"，是首领，是头儿，是指挥官，也是最初生成之物，还是方向。之所以是个"首"，就是此物生成之时刚刚显露的苗头、趋势、方向、力量的走向。有其代表，称其为首领；最先彰显，称其为首先；力量与方向的引领，称其为首脑。研究或解决问题，便是要有这个地方下手。而心理咨询与治疗，给了这个"首"一个新鲜名词：动机。佛家简单，称其为"念"——当下的那个"心"。而我们首先看到的那个人、那个表现、那个故事、那个话，是"反者"，以为是个"首"，其实是个"尾"。当我们首尾不分的时候，也就是愚蠢之极的时候。爱一个人，先看其房子大小、首饰贵贱、地位高低，那是愚蠢；透过这些，能够品味其心，虽未见房车名利，若会得其心净无染，亦入心道矣，此为上品之首。

"首"下面是个"走"。其解法有如下几种：

一是"十"和"正"，"十"是十方：东、西、南、北、东南、东北、西南、西北、上、下，一共十个方位，是什么呢？是宇宙。所以，"走"，从本义上是可以通往任一方向的，像无线电信号，一个信号发出，那电波是呈圆形同时向四面八方辐射的。我们人和动物也是向四面八方的，只是限于地球引力的作用使得其他几个方向没得选。严格来说不是没得选，而是我们还没有掌握克服地球引力的力量，或者是我们还没有获得消除被引力吸引的力量。

"十"字下面是"正"，这个"正"又是"一"和"止"的组合，止于一，是整合、完整不可分割的意思，一切是完整、统一、不对立、不分隔，也就是在阴阳二分之前。这是"走"从一个中心点向十方发力的一个形象描述。

二是可以分解成"土"和"止"，土，是大地，是坤，即是滋养，更是心地，意即"止于心"或"止于大地"，是脚踏实地、诚于心地的意思，更是生发于心，一切以心为依止，为归一、为出发点、为归属的意思。所以这个"走"一定得在心地上站稳，脚踏实地，从心出发，还归于心。再啰唆一句，就是从心的起点，回到心的终点，以心同时为起点和终点。起心之时，即是终了之际；终了之际，亦是起心之时。

如此，起而未起，未起而起；动而不动，不动而动，简称"如来"，拓宽一点叫"如如不动"。

所以这个"道"的意思就出来了：存之于自体自性，显之于阴阳对待，行之于上下十方，无所在而无所不在，行事叫无可无不可。所以《道德经》说："道之为物，惟恍惟惚。惚兮恍兮，其中有象。恍兮惚兮，其中有物。窈兮冥兮，其中有精。其精甚真，其中有信。"这个"道"，可以依循，而不可言说；可以延用，而不可偏离。

三是把"道"分为倒置的"六""目"和"走"，目为眼，六根之一，其余五根呢？耳、鼻、舌、身、意，是人与外界联系沟通的渠道，与眼目合称"六根"。所听、所看、所感等皆是道法在人心性层面的体现，走即是运行、体现。佛家有"佛性在六根门头放光"的说法，即眼、耳、鼻、舌、身、意的功能都是道心的体现，就是讲"道"的存在与运行，以视物、听声、嗅气、尝味、触觉、思维的方式呈现心的功能。无论是六根六尘六识十二因缘还是十八界，无非在现象上生灭而已，不是真道；若欲不受生灭，只需紧持中道，不随缘转。所以，道不动，动即不是道，而是相，动是道的表现形式。

那"道"在哪儿呢？老子说：道也者，须臾不可离，可离非道也。庄子说：道在屎尿之中。

你的道，在哪儿呢？

三

教师节，再论师道

讲到师道，师不是核心，她是过程，是渠道，是方法，是内容，是手段，是技术。"道"才是核心，虽讲到起笔的两点一横是阴阳，那是研究方法——从事物的两面性上入手去分析、去研究。还有一个层面,那就是中国文化常讲的"天圆地方"的概念。

圆,首先从外形上来讲,是圆的,是从一个中心点向外无限扩大,向内无限缩小的动态存在。有如宇宙虚空,没有起点,没有终点,这个无始无终的存在有一个字表示:太,这是一个无限大又无限小的存在。它跟圆有什么关系呢?当这个圆没有具体形、具体象的时候,无法直接描绘或言说,它是代表了所有变化的可能性与存在,而所有的变化,都从"阴"而生,生之道,即是"阴道",生即是圆满,生生不息即是宇宙自然之道。而长横是阳,是有形的、有象的,是具体的实物,是可测量的,是可言说的,谓之方,也指地方,叫"方所"。天圆地方,加在一起就是宇宙,就是时间和空间。而这个天圆地方的概念,是根据五行阴阳推算出来的,所以两点代表阴,代表变化,代表无形。长横代表地,代表有形质的存在。

有人可能会说,地球也是圆的呀,为什么说它是"方"呢?虽然有人说以前人们认为地球是方的,是在一块乌龟盖上,或者几根柱子驮着,讲它是四方的,但这个四方不是原本的正方形或正方体,而是四面八方,有形质的四面八方,是位置,是方位的意思。

圆,含有圆满、俱足、不缺的意思,行为上有圆融、适切、合适的讲究。既是天圆,当是个体或群体存在物的自然生命本身流转有其特殊的规律或使命,无须假借人力,它们自有套相互影响、相互作用的演化生存之道,是一种自给自足——自然供给、自然圆足的生命循环。

所以,这道圆满,便是不缺的,也是无多的,所以心经说"不生不灭、不垢不净、不增不减",这便是道体本身,也是心的本身。心是圆满的,便无欲望于外在世界;家是圆满的,便无口角是非于内在心灵;国是圆满的,便无战乱内忧与外患;天下是圆满的,便无长短高低好坏邦国之差别。

而师者，所以传道授业解惑，便是围绕着这一道体自然本身的运转，在天、在地、在人、在物其自身或者其相互之间有核心规律。古人说，"诚者，天之道；诚之者，人之道"。师者便是遵循天地宇宙存在本身的自然规则，用以教化人心，用以将这人身成就天人合一的境界与境地，将这人心成就为心外无物、心物一元的大自在成就之果。

现在的教师，传的是什么道呢？恐怕许多人不见得是在传道，而是在传技，用文字传播文字，用技术传播技术，用方法换取一个存活的保障而已。那道呢？没有体验到的，是师道吗？还是脑袋里的道？一些幻想思维而已。

韩愈曾慨叹："嗟乎！师道之不传也久矣！欲人之无惑也难矣！"
而今，是否也是如此呢？

唯愿诸师，且借韩愈一语："吾师于道"，借这个身体，借这个职业，借这个身份，借这个语言，借这个家庭，借这个伙伴，借这个搭档，借这个关系……探寻人生之道或者自然之道。而"师于道"又是为何呢？"求其放心而已"，去寻回那颗已经放逐了的心，让那颗心回到心灵处所，回到宇宙万有之道。

香有形,禅无味

香有形状禅无味,无味之中藏百味;

如人冷暖识真我,无色无空无滋味!

(画:太平继程;诗:作者;2019 年 9 月 27 日)

时

中国古人非常重视"时"的应用,常将其与"机"合并为"时机",如"机不可失,时不再来""大好时机""把握时机"都是在讲同样的意思;事情或事物发展的火候与转折关键所在。

时,繁体字为"時",包含了三个部分:日、土、寸。

日,就是太阳,是我们生活的空间的代表;同时,因为地球围绕着太阳运转影响着人类的生活起居,使得人类又赋予其时间的概念,所以,日,既是一个时间概念,又是一个空间概念,还包含着一个关系概念——日月星辰的关系聚合。

土,就是大地,是我们生活的这个地球,是创生与滋养万物的这个大地母亲;同时,人类又把内心可以生成无限思想的特性比作生养万物的大地,称"心如大地"。所以,土,既是一个地理概念、空间概念,又是一个心灵概念,人类便给它赋予了"地势坤,君子以厚德载物"。而地除了这些承载、包容,更重要的是"生"机——万物生长自地而出,给予滋养,给予空间,象征对别人的成就与无私助力。

寸,是一个计量单位,同时被人们用来描述心灵。比如,遇到危机事件时的慌乱被称为"方寸大乱",佛家有"百千法门,同归方寸"的说法,讲述万法唯心的意思。所以,这个"寸"既是一个长度单位,又是一个心灵的指代名词。

于是,由日、土、寸组成的"时"便有了时间、空间与心灵的三重含义,也包含了日与月、与地球、与心地关系的变化与规律。而这个"时",也便代表天地宇宙与心灵完整如一的思想,具有了"关系状态"的意义。

《金刚经》云：一时，佛在舍卫国祇树给孤独园，与大比丘众千二百五十人俱……或者在忉利天为母说法等等，或者在什么地方做什么。那个"一时"，就是"那个时候"，"那个时候"无分别、无参照、无纪元，就是做那个事情的时空、那个人群、那个因由、那个内容、那个过程、那个结果……那个"时"，涵盖了时间、空间、人群、心理状态、情境、关系等诸多要素。最关键的，那个"时"生平只出现一次，那个因只出现一次，那个因缘只出现一次，那个地域只出现一次，那个过程只出现一次，那个结果只出现一次，所有的，全部包含在那个"时"里，无有二者，只有它，才是它。

那个时，无分别。

那个时，无差漏。

那个时，无垢净。

那个时，无增减。

那个时，只是那个时。

见

见，古时写为"見"。

许慎《说文解字》对见的解释为"视也"，"从儿、从目。凡见之属皆从见"，是会意字。段玉裁注："析言之，有视而不见者；浑言之，则视与见一也。"《艮》："行其庭，不见其人。"

网上对见的解释记载了二十种之多，核心意思是看见、看到或听见、想见，无论是面对面入了眼的光线之谒见、拜见、会见，也无论增加了扩大意识领域与心胸的见识、见解，还是用来表达体验的认识——知道、觉得，根本上讲是物或象与能见之功能的相遇，是在"识"的层面，而非智慧的层面。古代把知作为意识，见为眼识，意为识别事理、判断疑难，所以这个"见"确切地说是能看的功能与所看的物象相互作用产生的影像、记忆、印象。

既然这个"见"只是能看的功能与所见的物象关系的产物，也便知道所见会受限于对这个记忆、印象的认识与使用系统，也就自然区分出了正知正见和邪知邪见，与真理相一致的就是正知正见，与真理相违背的就是邪知邪见。而智者就是在合适地使用正知正见，迷信困惑的人就是常常使用邪知邪见。

佛教更是把这种知见分为"断见"和"常见"。《百喻经·梵天弟子造物因喻》："诸佛说法不着二边。亦不着断亦不着常。如似八正道说法，诸外道见是断常事已，便生执著。"唐代王维《胡居士卧病遗米因赠》诗："有无断常见，生灭幻梦受。"赵殿成笺注："《涅槃经》众生起见，凡有二种：一者常见，二者断见。《楞伽经》离於断常有无等见。"

有人认为人生只此一次，没有因果循环，这就是断见；也有人认为无善无恶，也没有善恶之报，或者虚无主义者，也是断见。持相反观点的人认为有所见，比如万物常存、永恒不灭，就是常见。其实有见即为常见，也是偏见，所以佛教主张离常离断而取中道。

有无、善恶、断常这种依靠对立面而存在的东西，都在理性超我的评论功能之下，也是冲突之所由、焦虑恐惧之所生。有此故有彼，此消彼长，不是终极的真理存在，只是现象学的呈现。人类的冲突、战争、矛盾、对立、对抗、打压、划山头、小团体都有这种只照顾局部而忽视整体性存在的味道，于内心便表现为矛盾、冲突、纠结、忧郁、愤怒等等，失去了自由，生活在差别世界，痛苦也是难免了。

如若把注意力、关注点，从这个见解、看法，向前移动到功能区域——那个能"看"的本事上来，虽有所见，但随见随离，不让那个所见覆盖这个"能见"的功能，而这个"见"就只能作参考而不能成为自动有权重、有分量的、有好恶、有利益的砝码，不会用过去的影像存在来干扰控制后来的判断，每次所见，都是当下的，或许离着自由本来就近了。

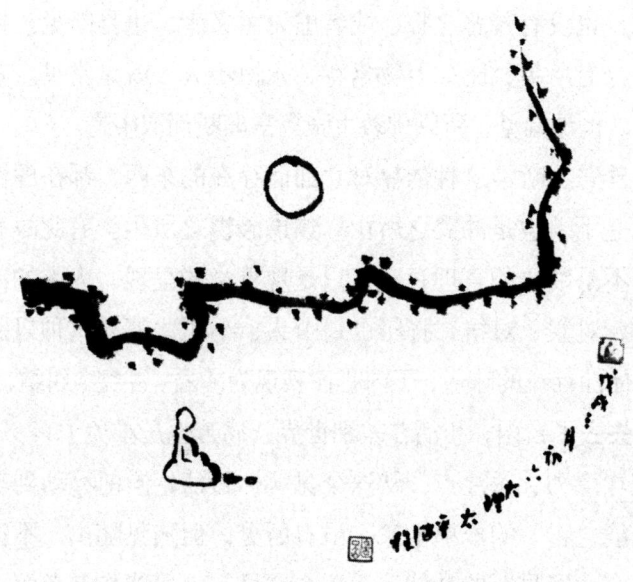

山僧修行

枝上千秋月,梅下万代僧;

独酌茶一口,饮尽六道生!

(画:太平继程;诗:作者;2018 年 5 月 20 日)

我

"我"是天下最难搞的东西，是最难搞明白的事，但也是最离不开的东西。道家讲无为，修无我，修真我；佛家讲破我执、破无明，儒家讲担当天下、舍我其谁；现代心理学讲究为坚固自我功能、成为我自己……芸芸众生，人人为我，我为人人，可直到撒手西去的时候，也没找见"我"是个什么东西，以为"我"没了。

古人创造了这个字，蛮有分析的味道，也蛮矛盾、冲突、善变无常，拆开来看，便见"我"之无常。

第一，去掉"丿"，就是"找"，寻寻觅觅，东冲西撞，以为哪个想法是我，哪个身体是我，哪个东西是我，哪个人是我的，哪个物是我的……找到死，也不知道找见没找见。

即有边界，即有权利之争，即有是非好坏。

第二，左右拆开，左边是"手"，右边为"戈"，"戈"为反手，反"手"为戈，冲突、矛盾、反复无常，争来斗去。有戈即有冲突斗争，即有自我保护，即可能有侵犯、有越界、有伤害。有我即有你我差别。

第三，如果我们再大开脑洞的话，可以把"手"的竖钩和"戈"的斜钩，视为"手"的第一笔（丿）和"戈"的最后一笔（点），那就变成了一个左右对称、平衡的"我"。可是如果把"手"的第三笔变成提，和"戈"的第三笔变成捺后连起来的话，这个"我"就变成了四周封闭的"井"，那"我"就真的是自我限定、一只坐井观天的井底之蛙了。

不只如此，当我们能够从"我"中看到井底之蛙的自我封闭的时候，也该看到这个提、捺相连的"我"变成了上下对称、左右对称、对角对称的似方实圆的八面玲珑者了。而这八面玲珑，既可能是现世手段的灵活，也可能是人格面具的市侩，距离那个超越了现象回归心灵本位的真我、无我或者充虚空遍法界的心灵本体，何其遥远就不得而知了。

现代心理学给出了一个找寻自我与自我成就的方向：从他人的眼睛、神态、对待中，会先产生一个"自我"意象。之后是一个建设和使用自我功能发现和寻找自我的过程，可能会是一个小我、自我中心的私欲自我，也可能是一个具有完整功能的健康自我或者大我。借着自我的强固，逐渐完成与母亲的分离-个体化，从母亲的融合到渐次分离转向理性功能的发展，转而向父亲认同，向理性、向规则认同，形成并完善三人关系，建立并熟悉群体关系。

或许在这个阶段，实现了母婴二元、亲子三角关系的检验与建构，再发展到青春期自我独立走向社会，体味爱情、婚姻、事业、友谊，建立健康的人与社会的关系，基本完成世间法或者建功立业、成家立业、生子养老的价值。若有幸在人生、事业、爱情、家庭、身体等多方面有所成就之时，再遇到一些过不去的坎儿、遭遇挫折，从而开始审慎思考人生意义、生命走向之时，这个"我"就开始走向自性化之路，开启了探索生命存在价值与内在意义的道路，这个过程的探索，有可能会帮助"我"形成大我——人性集体意识与集体无意识的接轨，当自我与自性本体相连的时候，距离那个无我的境界就接近了，也就是减少或者没有了明显的主观，基本消除了情结的控制与影响，那个被称作"我"的东西，活了。

自我之说，累世大迷情

自我设限，瞬间即生；
先立来源，后是安生；
身份标记，日渐认同；
看似安全，实是绑绳；
累世加工，无法轻松；
与世隔绝，内心经营；
自居为何，即是何种；
手铐脚镣，与尔偕行；
思与言说，不露迹踪；
乏累惶恐，与日蒸腾；
孤独焦虑，从内而生；
嫌恶倦怠，流转不停；
自我厌弃，借故消情；
无知无奈，落入谤争；
如何解脱，四处求诚；
钱花不少，路未少行；
蓦然回首，方觉折腾；
走出自我，何以我行？
天宽地大，任自从容；
化去人我，还归虚空；
再寻限制，已然无声；
自我何在？魔由心生；
断去思虑，直观苍穹；
化生万类，各有祖宗；

来去不一，实是相成；
溯源归心，不死不生；
哪个为我？谁个始终？
山花烂漫，流水淙淙；
夕阳晚照，遍野橙红；
星空仰望，远近不曾；
如是如是，夜色风清；
但去寻我，又造悲声；
何如观我，我又何能？
菩提无树，智慧常生！

我是不是太笨？

第一，我是不是太笨？如果有人问你这句话，你可要小心了，因为这句话中隐藏着好几层意思：如果我笨的话，你是不是会喜欢我？我值得被你喜欢、被你爱吗？因为我长久以来感受到被批评为笨的时候，直接否定了我的存在价值，而且是与生俱来的无可更改的笨，是天生智商不高，是天生灵光不够，不仅自己不够好，还给家人带来无尽的羞耻感。我没有任何机会成为一个正常人，因为我的底片都是笨的，不可能有好的发展。你觉得我是笨的吗？你说"不是"，我不相信。你说"是"，我也不相信……

第二，你会怎样对待一个会犯错误的人？我不止一次地被批评为笨，是因为我经常犯错误，经常改不好，可能是智商有问题，也可能是心理有问题，否则我怎么可能经常犯错误呢？为什么在他眼里我到处都是错误呢？你看我的眼神里是否也有许多错误？我真的是一个打着"错误"烙印的人吗？如果不是，为什么总会有人动不动就批评我？

在他们眼里，我就是错误的代名词，我不敢相信我会有不犯错误的时候……你怎么可能跟别人是不一样的？

第三，我在你面前示弱，会得到怎样的对待？我先告诉你我会犯错误，或者我经常犯错误，我首先向你承认，表示我的诚意，你会怎样对待我？你会怎样对待"错误"？你会怎样对待犯错误的人？我在你面前是有机会"翻身"的吗？我在你这里会享受到平等吗？如果你给我机会，我肯定会投桃报李，可是如果你会像我之前的遭遇的那些人一样待我，我又何必作出改变呢？

第四，我向你投射一个笨的信号，你会虐待我吗？或者你对我很同情是真的还是假的？那一个"我笨"的信号，是用来测试你的，测试你是一个怎样对待如我一样的人的。这个测试是用来看你是不是会虐待我——重点是精神方面的，比如歧视、侮辱、轻视。或者，我想了解你是否有虐待"笨"人的历史，我则用来确定穿几层铠甲。

第五，我讨好你的方式，就是让你承担我的责任，你欠我的。我说我"笨"只是用来显现你的"聪明"，让你在我面前看起来很聪明，可能你就会放过我，用你的被我崇拜的福利来帮我承担原本属于我的责任。因为我"知道"你不可能平等待我，所以我讨好你，用以减少我的精神受虐的可能性。

第六，我有过无数被贬低、被打击的历史，你是不是经得起和我一起面对？无数的被贬低、被打击，使得我会过度认同别人对我"笨"之类的评价，而用这个"笨"作为对我个人梦想与前途的动力基础。对待我，需要你了解你是不是有能力和我一起推翻这些历史，让我重新认识自己，也改变一下我对你的猜忌。

第七，你可不可以和我再次回到我被打击的情境，允许我回击，把你当作曾经向我施虐的人？我是不是很笨，是想告诉你我有被人评价、批评甚至是辱骂为"笨"的经历，那个经历让我印象深刻，我问你，是想请你一起和我重新回到那个曾经被评价为"笨"的场景，看看那个"笨"的评价是不是真的，看看你是不是也是曾经那个骂我笨的人的替身？

第八，我深陷潜意识纠缠的人际关系，就像肉里被扎的刺长成了肉刺，与肉形成了整体，无法分离。我深陷苦痛深渊，无法自拔，不动，疼；动，更疼。这个现象或者问题始终困扰着我，不得解脱，长久不能解决，不是笨又是什么呢？

第九，我没有能力从被批判、被打击、被贬低的内在关系中解脱出来，但希望你可以成为我这个关系中的一员，帮我逃离。我一直被看不起、被贬低、被歧视，但我从来没有放弃希望，我希望有朝一日能够打破"笨"的魔咒，重获自由。

第十，如果真的成为我纠缠的无意识中的关系对象后，我希望有机会靠我自己的智慧再一次化解，我的负性情绪只是试图冲击那堵墙，但我实在没把握结果会怎样，因为我的心里还没有允许它存在。我的"笨"，有可能只是我不愿意服输投降，不想输了成绩再输尊严，我"坚持"不好转，用笨的方式对待你，是因为你如此简单粗暴地对待了我，我只是用你的简单方式对待你的简单，用你的粗暴方式对待你的粗暴。说我笨，有可能是你笨，因为我的笨只是在你的面前才会被激发出来，而在另外的人面前，我聪明得让人很舒服。

…………

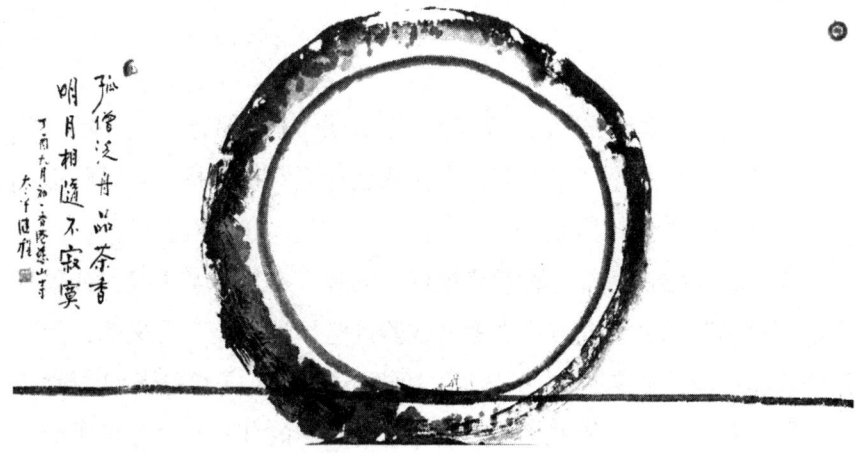

画圆

圆满圆满回程短,参禅参禅来休闲;

若得哪般休歇处,无里无外无中间!

(画:太平继程;诗:作者;2017年10月23日)

孝

中国讲"以孝治国","以孝治家",讲"孝子贤孙"。那么"孝"的道在哪儿?什么是"孝"呢?孝在强调什么?在弘扬或宣扬什么?顺着父母就是"孝"了吗?

首先,需要讲清楚这种解释仅仅是解释,不是科学本身。如果有人以"科学"的名义或方式来考证或验证它,那是徒劳无义的,因为这些解释是基于文字本身的"悟道"功能。或者说它是检验人们"投射"功能的,看到这个字能够激活人们对它的认识的部分,就是你所能体悟到的"道"的程度,有的悟到了"道",有的悟到了"门",有的悟到了"道"外五千里的风,有的悟到了"道"三千光年之前的闪电——与道本身无关。本文的解释,仅作为一种投射存在,供研究心理投射者玩味一下,供心外有物而寻找心外无物境界者一品。

"孝"道,是中华文明的美德传承,多数人认为孝就是顺从,让老人心安、开心、顺心,不让老人生气、不痛苦就是孝顺了。这种解释只讲出了"孝"字的皮毛和表相,"孝"字的真实含义,是把中国人的存在基础、人际关系、利害关系以及怎样求助写得清晰而完整。当然,这种人际关系之中无疑包含着期待。一般人可以见到功利、贬低、权贵老子至上,甚至是压抑和虐待,而高明者,则可以见到人性深刻的内在联系,更可因之悟道。

"孝"为"子承老",就是用儿子的"子"承接"老"的下半部分"匕",也就是儿子替代老子承接的过程与形式及其所表达的意义,就是"孝"。这里分了三部分:

一是替代老子承接的过程：这个过程是从老子到儿子交接的过程，比如任务、家教、家风、家誉、家传、家业，它代表一个传承，传承的可能是手艺，可能是技术，可能是做人做事的规则和方式，或者是债务等老子未完成的事件。这些传承均涉及信誉和风格，也就是子一辈所表达和担当的，与老一辈无异，这是一种家族风格，被称作家风。用个拟人化的讲法，叫家族人格，它讲的是一种信誉。它给人一种可信度，一种稳定的人格感受，这种安全、稳定的信任关系，会成为促进老子——父一辈——护爱晚辈的重要精神财富。这种护爱包括了人脉、智慧、财富以及发展前途。再往深里讲，这种承接联接了一种历史的信任度和厚重感，体现了经得起考验的安全保护，它可以直接把人们对老一辈的信任转移、跟进到后辈身上，让人向后可以体会到历史的绵长，向前可以感受到希望的现实。无论是向前还是向后，这种承接都与稳定、信任和安全有关，其标识与影响根深蒂固。

二是替代老子承接的形式：这个形式是从老子到儿子交接的方式以及其内在含义，比如百年老店传承的是手艺、工艺、技术等，这些手艺或技术借着具体的生活必需品——简单的或奢华的、民间的或贵族官方的，也可能是武功秘籍或者什么功法，借助于武术的门类与套路传承下来。所有的传承表现出来的套路与形式，都是可以模仿或超越的，而核心的机密却只能是"子承老"——靠师徒或父子来单线传承，用以保护产权。这种产权在古代可能更多的代表经济权、经营权、存在权与发展的机会等，它以产品或作品为存在形式。中国禅宗在六祖之前承接的形式是袈裟和经书，而心法却是密传不宣的。

三是替代老子承接所表达的意义：于家庭产业而言，承接的可能是附着于产品的信誉与精神，如胡雪岩"胡庆余堂"的"真不二价"，表达的是一种"诚实不欺"的做人品质，讲的是"信得过"的做事原则，借着这种做人与做事，"胡庆余堂"生存了百年有余。于师承的经验而言，承接同时意味着竞争与风险。古代有"教会徒弟饿死师父"的俗语，是讲在消费能力极其有限的情况下，传承意味父辈或师父减少了一个生活的出路，将手艺传承下去则意味着给了徒弟一条活路，而师父则可能面临着生活的窘迫。宗教与贵族的世袭制所承接的更多的是权力、财富、身份、地位、控制力和支配范围等等。所以，这种传承往往是以命相托，其意义深远得多，也悲壮得多。

这些，仍然不能够完整地讲解"子承老"所表达的"孝"字，要想说清楚它，必须先解释一个文化假设——各地或国家以什么为基本的存在物的价值基础。印度的文化，尤其是佛教认为世界由地、火、水、风等四大组成，于人而言，身体为地，温度、热量为火，体液为水，呼吸为风。而中国的文化则认为世界不离五行：金水木火土，它代表了一切存在。物质世界的金属砍伐木头——金克木，但可化生为水——金生水；水可克火但亦可生扶草木——水生助于草木；草木破土而出——木克土，但遇火则助威成势——木生火；火呢，燃尽则化生为土，但遇金则金受热变形化水——火生土而克金；最后是土，生养藏贮万物——以金为代表，却可克制水流。这五行的相生相克，不仅是用在物质世界，更重要的是要用在人身上。

"老"字，上面是"土"，代表承载、滋养、包容，"土"的功能是克制水，而生养金。"土"下面的"匕"即可看作是金属的代表。"老"这个字，代表了土生金这一核心意义，意思是说作为老人，是以生养、教育、扶助晚辈为主要存在任务或意义的，老人作为土，作为大地，要承担生养子女、教育子女、扶助子女的义务，希望借助教育与帮扶能够使家族生金——望子成龙或望女成凤，能够创造家族未来的财富，而子女成才就是这个家族最大的财富。所以，这个"老"是站在老人一生主要角色的功能上讲的。

再延伸一点，"老"和"孝"字上面的土，是易经的坤卦，代表土的特性的总和的一种现象,其核心含义是"地势坤,君子以厚德载物",于物理属性上讲是承载,因为地球是太阳系里唯一有生命的承载实体,而地球就是一个土疙瘩,它上面承载了生命——山河大地、草木鱼虫。这个坤土,是生命存在的基本环境,所以它对于生命而言,具有赐生的功能,有如人的子宫,如此才有"天父地母"的讲法,坤卦才代表女性、老太太,代表母亲。知晓这个讲法的来源,才算是对"孝"和"老"有了一点真实原貌的了解。

"孝"字下面的子,代表水。毫无疑问,地球表面70%以上的空间是水,人体中70%的组成成分是水,而人的生命、动物的生命也是从水——液体——化生而来,所以水对这个世界的意义不可言喻。在中医学里,肾主水,管着人的生殖系统,是人生命组成物质的存贮与生长器官,是生命形成之初与成形后生存的空间——我们生活在羊水里。水少了,人会上火,骨骼会脆,生命缺少了流动与灵活的基础便会垂危。"天一生水"是中国古代重要的文化、重要的思想,天地万物生于水,既讲整体感,又讲天地存在秩序。

另一个字是"子",除了水的意义之外,它还是十二地支之首,即物质存在形式的开端,没有子就是没有水,没有肾,那人从哪里来呢?这样,我们才知道这个"孝"是中国文化的核心代表,是文化存在的开端。在这个意义上讲,这个"孝"字讲的是我们的生活存在空间——地球,和我们生命来源的基础——子水,讲的是我们生命是如何开端的,从哪里开端的,也讲如何对待这个生命开端的态度。反过来讲,没有父母就没有我们的存在,没有水就没有我们生成的基础,没有地球就没有我们生存的空间,那"孝"是什么?就是我们如何对待我们生存本身、如何对待我们生命本身的意思。借助于子女与父母的关系,来觉醒生命与天地宇宙的关系,反之亦然。

"子承老",就是用"子"来替换"老"下半部的"匕"的。为什么呢？土生金，是每一位老人的梦想，换算成百姓语言就是每个家族都希望"子子孙孙无穷尽焉"，而这个"金"作为老人的毕生价值与智慧经验的传承，毕竟希望能够再生，这才符合"子子孙孙无穷尽"的意思。所以，土生了金，金还得能够生水，到这里已经是三代传承了，也就是说老人的那个"金"已经完成了人格和价值的转化，而且生成了"水"。

再往前推，"孝"的第二个意思就出来了，继土生金之后，金又生了水，而这个子水，是土的生生之物——生而再生之物，而水的特性之一就是柔和、顺承、处下、承上，多数人取孝顺，是取了这个意思。

这个"老"是土生金，那么这个"孝"呢？是土克水，有什么讲究吗？中国的人际关系讲究五伦：父母、领导、妻子、兄弟、子女，"我"为主体，与五伦合为"六亲"：生我者为父母，很清晰地讲了我们的出处为父母所生；克我者为官鬼，能够管得住、克制得住我的是官和鬼，官是领导，下属理当服从，官克我，是一个官僚体系的基本规则，话语权和决策权都集中在执行官手里。鬼呢？是我们惧怕的或者是背后捣鬼的那些不明方向与来路的力量，既可以是冥冥中注定的力量，也可以是背后的阴风小话，总之是能够左右、能够影响我的力量，也包括通过左右别人而间接作用于我。比如，选举前别人的一个或有或无的小话就可能断送"我"的前程，这也叫被克。而且古代官鬼通称，还有一个意思，是指有些官行阳道，而多数的官则行鬼道，行"阴谋"——见不得人的阴谋，简称为鬼，所以把官鬼通用。

我克者为妻财，古代把妻子和钱财作为一个整体来看，一是我为夫婿要能够管得住妻子和钱财，家宅才平安；二是古代往往是妻子把家理财，妻子的功能之一就是相夫教子，处理家庭财务收支也是自然之理；三是妻子和钱财是最容易出问题而伤及自我的因素，无论是红杏出墙还是钱财失手，都是巨大的打击。而且男人外出挣钱，居家理财要靠妻子，这个三角关系要处理得好，所以强调要能够"克"得住管制得住。精神分析里有一个名词叫俄狄浦斯，讲的就是三角关系，核心是一个人怎样处理自己与另外两个人的关系，或者是一个人怎样处理自己内心的矛盾冲突，也包括如何和另一个人相互协作或制衡处理第三方——人或财物、人或制度、人或业绩。如母亲或者老师通过与孩子的沟通协调而帮助孩子提高学习成绩，就呈现了这个三角关系，母亲往往很在意孩子的学习成绩，但这个成绩的提高必须假手于人，所以这个控制——"克"就显得格外重要了。古代男人主外，挣来钱交到女人手里持家，这个钱财的使用就是家庭和睦与否的标志了。另外，钱财是生活必需品，能够管制有效不使流失亦属必要。

我生者为子孙，这个很容易理解，我生养的肯定是我的子孙后代，学生、后辈也包括在这个范围里。我的思想、智慧、功名利禄，也是"我"所生，也是子孙。

与我五行相同者为兄弟姐妹，也指朋友、同学、同事、竞争者，特指一个辈分，同一种处境者。在象征层面，精神分析是弗洛伊德的"儿子"，分析心理学是荣格的"儿子"，《道德经》是老子的"儿子"，《论语》是孔子的"儿子"，《汉字，照见心灵》是马宏伟的"儿子"。我生者，从"我"所出者，皆为我之子孙。兄弟姐妹多，有助有害，有团圆也可能有竞争，叫比劫林立，比如同行相争，比如争夺家产。

借此再接回那个"土克水"的探讨，一个是土的本质功能是可以克制——堵、挡水流的，另一个是土克水为财，也就是说水是土的财，土能够把流动的钱财圈住、留下来，水既是钱财，又是思想，还是智慧。所以这个"孝"还隐含了妻财的含义，"孝"不仅是老的养了小的，又生了小的，还得有妻有财。妻财是什么？是路，妻是人生路，是子孙后代的来路，有妻才有子，子孙后代得通过她来生养，妻子不生，子孙肯定就断了，这是人生路。财呢？是行路，无论是生存、生活还是发展，没钱无路可行；还指门路，做事，无论走官场、求学还是做生意，都得有门路，否则是干蹦跶，没动静。

这就又清楚了"孝"的另一层含义：承接了老的，还是拥有妻子儿女和钱财，这是发展的基础，也是"孝"的中坚力量，叫家道，能达到殷实、小康更好，不能的话也需要有妻有子，在人脉上有传承。人脉上没有了传承，也是不孝。古代说"不孝有三，无后为大"，无后是断绝了先人的生育功能和存在感，类似于先杀后杀，早晚是个死，都不吉利。

到此，这个"孝"表面的意思就算表达完了，也符合一般家庭的三代同堂存在现实。但因为它是讲传承，所以不能到此结束，还必须把发展还回去，让施者分享到未来的红利，看到五代同堂，这才是"达孝"或"大孝"。

到了孙子这一代，即是水的阶段，就是生木了，也就是水能够生助草木，这个意义没有什么特别之处，因为草木必须依靠水分才能生长。真正的特别之处是与中国农耕社会的关系。中国是农业大国，中华儿女，华夏民族从渔猎为生转轨为农耕，草木粮食给了华夏民族生存的基本扶助，就如人性本善的学说一样，古代把人性本善的意义叫作仁，为了感谢草木，便把这种善良本性赋予草木，于是草木便拥有了另一种属性"仁"。带木字旁的汉字就自然拥有了这一属性。

在"孝"的传承中，生养子孙并不是什么困难的事情，挣钱也并非最难的，拥有和保持仁义之心才是孝的传承的本意。就是说，从老一辈的土，到生养子女的金，到再生孙男娣女的水，这都不是什么困难的，是人类生存的基本状态或模式，不需要做什么努力就可以做到，而再往后，向木的仁性展示或呈现乃至彰显、发扬光大，就从生物属性向精神属性过渡了，从生存本能向道德功能发展了。这个"孝"字隐而不宣"仁"木，其实因为它不是一种完全的本能，而是需要道德教化，需要用心保持历事不褪才可以存在和传承的。

再往后，就更难了，是什么呢？是把这个"仁"木再继续发扬光大，让它扶助生养火，使之光明彰显。木的功能之一就是燃烧，如果烧到点子上，那个木头算是尽了本分，尽了本职，它的仁性得以助力光明而意义不凡。与"孝"字有关系的，是火生土，是"仁"木扶助的火，恰是生养老人"土"的滋养之物，有如父母或者再生父母的功能。

至此，从作为土的主角，在生养了金，间接再生了水，只能算是生物本能，因为"牛马皆能有养"。到水，尤其是智慧之水能够生助"仁"木之时，才算拥有了社会属性，而使得这个"仁"木的德性发扬光大至能够滋养土的火之时，才算真正完成了"孝"的道德属性，也真正回到了"孝"真正想传达的本义：爱出者爱返，返者为"孝"。也就是说，能生能养不能算是孝，因为牛马本性也能够生养父母，让人性之光传承，显扬父母的仁义之心，并能最大限度地按照仁爱善良的家教处事为人，使得这个善心、善行、善念循环传递，不使断绝，才是"孝"的本义。用五行来表示，就是真正形成了：土生金、金生水、水生木、木生火、火生土，生生不息，循环往复，"子子孙孙，无穷尽焉"。类似于《地藏经》说："未来之世，若有天人，及善男子、善女人，于佛法中，种少善根……渐修个先，勿令退失。"勿令退失的就是善根，就是善的种子。孝，就是善的种子和行动。

需要特别指出的是，这个过程只用了"生"，而没有用"克"，所以"大孝"是以生为本，不用或慎用"克"，这一点极其重要而可贵。克如"悬宪以治"，不为杀伐，所以大孝必是用生而慎用克。

克制既有管理、管制的意思，也有杀伐、阻碍的意思，用生不用克的思想在"孝"字的含义中有着更为深远的意义和影响，与"家和万事兴"的民谚相同，其目的就是要"以顺治家"，顺家风、顺民意、顺势而为，不贪、不奢、不恶、不欺。事儿上求顺是为家齐，更求心上的顺利——调和其心，在心里不起对立，不起对抗，不起分别，不起杀伐，将老一辈、少一辈，子子孙孙一代一代用一种思想、一种精神连接起来，让这个精神集中体现在每一个家族成员或产业之中，是顺的形成与体现。到此为止，才算是对"孝"认识了一大半。

另一半呢？另一半还得分两部分：一是认识"孝"所隐含的人际关系提示，是做事遇到困难时的警示：遇到困难要选择自己可以克制或者生助于我的人。自己能够克制，是讲自己能够有把握，选择能够掌握得比较透彻的人和成熟的时机来帮忙，而生助于我则是选择对自己、对自家能够给予帮助的资源来用，这也是帮助家庭顺利渡过难关的重要人力资源。

还有一点，生助于我，非恩即爱，提示在情感上、在思想上下功夫；而克我或我克者，则提醒要考虑金钱的投入，用以铺路通渠，上下打点，与我五行相同者亦是如此。这种提示与理想无关，与道德无关，是一种纯粹现实的关系，现实的难关与心理的难关同样重要，同样需要重视，不可偏废、不要忽视。

"扬名声，显父母"和"养生丧死无憾"是"孝"的另一部分含义。"扬名声，显父母"是通过自己的功业、操行、事业、思想等体现父母教育的智慧，体现良好的家风，通过自己的成就来显扬父母的教育品质。它不是功利的宣扬，而是"心从因处起"——用感恩的心态来彰显、宣扬此种人性之光辉。这个感恩的心，不是感激与简单的知恩报恩，是将自己心态归零的一种表达，将自己成长与成就归功于父母的教诲，既体现了父母人格的厚重与影响，又表达了自己整合的力量，是培养"无我"境界的重要方式。

现代人的思想与古代人不同，太强调自我，成为自我中心，把自我与环境分界，标明地盘，结果是什么呢？因人显己，靠着镜我来活着，靠着重要的客体来活着，太强调自我了，也就太限制自我了，无论大小，都是画地为牢。而古人的"无我"是一个将自我与众生齐平同等的标准，讲究在精神上、在思想上"从心所欲"，在现实中、在操作层面上"不逾矩"。这是"孝"字对父母存在意义的一种宣释，而这种宣释还有一个此生终极的标准——养生丧死无憾，也就是生而有养，死而无憾。一生到死不留遗憾，这个追求目标不简单，让父母达到"好死"、死得其所的结果，也就是让父母活着有价值、死得无遗憾，那叫达孝，达到了孝的标准。这样尽孝的同时，也是教育后代的重要过程，更是自己且行且思、思言行果一致的呈现，是一个真正成为自己的过程，一个回归自性的过程。

比"达孝"更高一级别的，是"大孝"。对父母养生丧死，这是一般普通百姓的孝。加上两个字，让父母养生丧死无憾，就是让他们的价值得到充分体现，这叫达孝，是高标准的。

最高标准、最高级别的，是对待别人的父母也如对待自己的父母一样，能够"为万世开太平"，能够视一切众生如我父母，生起了平等心，那叫大孝，是孝之极致，是能够生助包括自己在内的所有生命——终极存在，也就到了"道"的境界、"佛"的境界、"圣人"的境界。因为"孝"字上部的"土"代表了大地，子代表了水，全部是我们生存的必要条件，所以这"孝"是对待本然生命的一种态度，是归元的一种态度，直接在原始的、初级的心境下做工作，丝毫与事相无关。

现在回转过来，看一下"老"和"孝"中间的一个斜撇，我没有查到它读什么，但是当你知晓了土、匕和水的关系之后，这个斜撇的存在意义也就可以想象了：于"老"而言，斜撇向上，金多了，土少了，子孙多了，老人少了，土因生金而泄去了生气、元气，渐会无力，后势越来越强，但其强是以失去护佑为前提的。斜撇向下呢？土多了，金少了，老子势大，子孙弱小，金入黄沙，贪含无财。竞争、控制与平衡的关系一览无余。

另外,"老"字的第四笔的那一撇,如果稍稍小一点,与"匕"会形成什么字?像"心"字少右边一点,提示我们:老者,即要少用心机,少将心触于心外,如此处事方为老道,渐近无为。因为老者用心,机心太甚,"老不读三国,少不读红楼"即是此意。当然老而无心,也是生命力下降的一种必然现象,更是无为的终极境界。哪种解释更契合,还得看具体对象。

对于"孝",那一撇又意味着什么呢?斜撇向上,水多土少,水漫金山,欲望肆虐,失去自我,没了遮拦,少了规则,失了依靠;斜撇向下,土多水少,风沙遍地,干慧虽有,无有用期。

如果有人贪心问"那一撇与子何解",一定要加上一个解释的话,也可以用"仔"来解释,那是一个少了支撑的"仔儿",或是不成人形的"仔",稍稍偏向水一点解释的话就是"只见子水不见人",可以是只见钱财不见人,也可以是见水成道不拘于人,到底是什么解释,能否看到那形色,还得看求解者的境界,看其用心是否仔细。

所以,那一撇,实在是一个度量衡,是杆秤,称啥呢?称称你的心地!量量你的慧水!掂量掂量你的自性佛心。

称到了道心佛性,那便是真的大孝了!

慈父手中雖無线
至親心理深同母

叩慈亲

慈父大药王，分身震旦乡；
有缘今生聚，来世见道场。

（书：太平继程；诗：作者；2018年6月17日）

亲

亲，最早见于西周文，《说文解字》解释其为"至也"，意为"感情深厚、关系密切"，也指一个地方的人，或者有婚姻、血统关系的人，还指亲密的动作，或者指自己。但这些解释仍然只是理性的解释，如果回到造字前更原始的一些意象可能对于理解这个字所代表的关系内涵更有帮助。

亲，繁体字为"親"，由三个部分组成：立、木、见（見）。见，就是经常看见、经常想见的意思，也是在内心中留下的重要印象的关系人（客体关系）才能称为"亲"，因为有血缘关系或者生活在同一区域，经常相见，所以说这个字也表达着区域功能，所谓亲具有关系范围的限定，并不是一个开放自由的关系组合。

木，草木对于东方的中国具有特殊的意义。以农耕为主要生活方式的东方人类早期采集食物基本以草木果实为主，身怀感恩之心的中国圣贤将"天人合一"的思想用于教化，将被我们食用的草木果实用"木"来代表，赋予它"仁"的含义——仁爱、仁义，具有帮助人延长生命的功能，还具有升华人类精神或思想生命的含义。也就是说，"仁"除了指代果核或果壳里面能吃的部分外，还延伸出其仁爱、正义、仁德等社会精神特性。带有"木"字旁的字也往往含"仁义"的意思。这样，汉字"木"等除了具有实物特性外，也便具有了精神意义。而"仁者爱人"——充满慈爱之心、满怀爱意的大智慧、善良之人的品性，也赋予了草木，这种教化功能，也是中国修道文化、悟道文化所特有的"万物皆备于我"的体现，也是培养人类"天德"的重要思想体现。

所以，"见"与"木"字，便具有了"亲"的另一个内涵：亲（親）人，是为了经常遇见"仁德"，用"仁爱""仁德""正义之心"来充实内心的精神空间，并以此种德性来对待亲人，进而"泛爱众，而亲仁"，亲近仁德。

亲（親）第三个组成部分是"立"，一个人站立在大地上，这是象形字的说法。会意字的解释则为"笔直地站立"，也有立场的意思。《说文解字》："立，信也。从大，立一之上。"《易经·恒》有"君子以立不易方"的说法，《曲礼》曰"立必正方"，《冠义》曰"而后礼义立"，《易经·大过》说"君子以独立不惧"，《论语》曰"三十而立""己欲立而立人"，《易经·说卦》曰"立天之道，曰阴与阳；立地之道，曰柔与刚；立人之道，曰仁与义"，《尚书·商书·伊训》曰"立爱惟亲，立敬惟长"，《春秋左传·襄公·襄公二十四年》穆叔曰"大上有立德，其次有立功，其次有立言。"

如果我们把视野打开，还可以借"立"扩充到其他意思：一点+离卦，离为火，为光明，《易经·说卦》"离，为火，为日""离为雉、九家，离为鸟、为飞、为鹤、为黄"。加一点可以视为"立"，则这个字就有了"立于光明"的含义。

另外，这个"立"还可以拆分为"六"+"一"。《河图》曰："天一生水，地六成之"——每年冬季十一月，为冬月，为子月，天上的水星出现在北方（北方为水），为水星与日月会聚。所以，这个"立"有合和、相见、聚合的意思。而且，"六"是坎卦"水"的隐藏版，隐就是藏的意思，隐而不现即如先天，为贵；显而发，为后天，为正当其时。

《中庸》首章："喜怒哀乐之未发，谓之中；发而皆中节，谓之和。中也者，天下之大本也；和也者，天下之达道也。致中和，天地位焉，万物育焉。"如此，"立"也便有了"未发"之"中"和"发而皆中节"

的意义,便也是立于中庸之道。

如此,亲(親)字,代表了中国文化的多层含义:"见"的现象学、地域性含义与见而离相的修学含义;"木"既有实物的现实存在意义,也有超越现实的精神属性;"立"字则包含了人格操守的完整与处世修道的中庸,还含有光明追求与刚柔如水的心性哲学暗示。

所以,亲,就是心里相见,就是眼里相见,就是仁德人性里相见,就是生命本身的相见,就是空性的相见。

所以,亲(親):

> 立于空性可成仁,立于平等可见性,
> 立于水火生既济,立于道法万物兴,
> 立于君子担道义,立于菩提转死生,
> 立于感恩无人我,立于不二现真容。

山山有山僧

啸立孤峰顶,不动万里行;

峰峰高云入,念念不唐功!

(画:太平继程;诗:作者;2019年9月21日)

中

中，与四周、八方距离相等，或者与两端距离相当，而被称作"中道"的"中庸之道"，解释了待人处世采取不偏不倚，调和折中的态度。《论语·雍也》："中庸之为德矣，其至矣乎！"讲述中庸为无过无不及的最高道德标准。

《论语·尧曰》："咨！尔舜！天之历数在尔躬。允执其中。"讲了中的不偏不倚，讲了真诚地坚持中庸之道，用以形容真正做得恰到好处。

《中庸》："喜怒哀乐之未发，谓之中；发而皆中节，谓之和；中也者，天下之大本也；和也者，天下之达道也。致中和，天地位焉，万物育焉。"中，乃"天下之大本也"，而这个中是"喜怒哀乐之未发"——没有显发，也有人说是没有表现出来。这个意思肯定了喜怒哀乐各种情绪的正常化，肯定了对情绪情感的控制力，或者说是修养很深，或者城府很深，胸有千壑不现于面。应该还有一种境界，是通达之后的"没有情绪"的中和、平和，不以物喜，不以己悲，没有了得失心之后的情态，不会为外境所惑的中道。

"中"的"口"除了距一物两端相等之平面距离之外，应为一圆，一个立体的圆，而那一竖，读 gǔn，是贯通之意，是通过圆心而通达四面八方的意思，也是处事周延，于利益各方均能处置得当。在外是处事手段技巧圆融，于内是心思智巧玲珑剔透。这才具有了这个字的行为结果——中，即命中各方利益靶心，又细致周到照顾尊严，就有了群体一致的"合适"之中道——心悦诚服的感慨与叹服。

"中"字的象形，就是把一根木杆插入地上的木墩、石墩的孔内，保持木杆垂直不倒，绑根绳，可测天气。那个孔洞必须在中间吗？不是，中间只是可行的结果之一，但不是唯一，只要能够保持木杆不倒，实现长期观测天气的目的，这个孔洞可以在木墩或石墩的任何一个地方，在任何一个地方都是"合适"的。这是古人的思想，能够达到目的就可以。只是今人生了心机，生了二心，有了分别心，才有了"美"的概念，才有了好看不好看的想法，才产生了强迫症之流的"核心"的唯一性。而这个唯一性，就是以打倒、批判、限制、贬低其他的可能性为目的的杀伐之心。

所以，回归中道，才是世界和平、宇宙和平的唯一道路。而这个"中"便是涵盖了四周、上下、远近、高低、内外、美丑、方圆、明暗、时空在内的"中"，既包含了中心、圆心，也包含了方圆内外上下，还包含全部的过程，无一遗漏，无一不是等距离的公道。

如此之"中"，那个圆，那个孔洞，其实是其大无外、其小无内的心灵本体，而那一竖，则为处事遵从之法脉，既有一以贯之的正直忠诚，也有心灵晶莹通透果决之勇力。如此的中正平和，至诚感念，得到的自然是发自内心的感佩。

想必也是如此，"合适"才是"中"的核心，也才有了"中国"之称谓——适合之国度，生得合适，死得合适，活得合适，用得合适，一切一切的安适。如此，中国，既是中道之中国，是生命大道合适之中国，贯通自然与天道合适之国，也是心之中、心之国。如此之中国，岂是被限定的地理学概念？难怪中国文化会有"天下"之说、寰宇之言，太虚之谓，其妙在心。

如此，中庸之道才有了事相的中庸与道法上的中庸。在事相上的中庸，指的是在现实的人际关系、利益关系中求得平衡，遵循社会规则，处理事情不偏不倚。而道法上的中庸，则是做事之前的那个心思，那个心念上的公正，心底的公正，有尊严的处置，也处置得有尊严。是心的"中"决定了事相的"庸"，中是用（庸）的前提和基础，庸是中的表现和结果。所以，中庸之道，便是修之于"中"，用之于"庸"。

如此思之，岂有不中？

太過常得反效果
平衡方為中道法

山僧

平常心即平常道，圆月夜照圆月桥；
灵光闪耀三千界，无来无去自逍遥。

（书：太平继程；诗：作者；2018年5月24日）

得

得，意思是得到，行有所得——按照金文的说法，"得"字是左边为"彳"——小步慢走，右边是"贝"加"手"，手里拿着财货，自然是有所得到。另一个用法，得与失相对。

以投射来解释这个字，也蛮有意思：

第一个拆分法是"行""日"加一点，日行一点，即是"日有所得"。

第二个拆分法是"彳""宁""日"及其下一点，意为走走停停，慢慢行走。

第三个拆分法是将其分成"彳""旦""寸"，既有"小步行走"慢慢行进的状态，又有时间与空间的描述——旦，太阳刚刚露出地平线的一刹那，天亮的时候，而这个旦是指一刹那的意思，清晨，太阳刚刚亮出面目的时候。最后一部分则是"寸"，既是量度，又指心灵——"方寸"之地。这便形成了"得"的另一个具有心理学意义的解释：得是心灵刹那间的缓慢行走。行走什么呢？既是行走心灵，也是心灵行走。

《大学》有言："大学之道，在明明德，在亲民，在止于至善。知止而后有定，定而后能静，静而后能安，安而后能虑，虑而后能得。物有本末，事有终始，知所先后，则近道矣。"这里也有一个"得"，知止之后自然有定，但若有了定力——或者是有幸得到禅定之力，再经禅定之力获得清静（净）心，便可经由思维（正思维）而有所得。得什么呢？得到开始的那个"止"。知道在哪里"止"，知道如何可"止"，知道怎样"止"于止。更重要的，"惟心有止"，止于那颗心，让心定下来，让心专注于某个地方，确切地说是让心止于心。止于心又怎么样呢？就能够知晓、洞见、体会到那个"大学之道"——心量广大的学问、方法或道路，也就是可以经由三个渠道而获得"大人之学"的三纲领：明明德——彰明人的光明本性，亲（新）民——日有成长，止于至善——心思专注、行为专注、德行专注于"至善"之境——绝对的善、纯净的善、无敌的善、终极的善，也就是无分别的善、无对待的善，是超越善恶二分的生命力本身。

所以，这个"得"绝对不是"得到""得失"那么简单，而是提醒我们在方寸之地缓慢行进，专注于如日出大光一般的刹那之间的心灵光明。如此行走，得到了心，失去了心，也失去了得失之心，归于纯粹，归于空寂，归于光明。

得，在旦夕之际，在方寸之间，在动静之时，在分别之念。

君

  皇帝换位经常上演"夺嫡之争",而在夺嫡之战中,谋士或高人的作用不可小视。据说明朝某个皇帝死前令几个儿子进京商议大位的传承,有的皇子拥兵自重认为自己稳操胜券,不惧兄弟一争;有的设计在路上谋杀太子兄弟,清除有希望争夺帝位的对手;有的在琢磨跟谁合作可以谋得大位、获得权贵。

  有一位皇子,距离北京城不远,但是不像太子久居京城、经常代皇帝巡视四方,也不像某皇子带兵打仗屡立战功。所以在接到密令时并未起身,只想等着新君即位后保个稳妥、护得妻儿平安。可是他又不确定新君即位后能否保得家小,左思右想,辗转反侧,拿不定主意。于是在某个夜晚悄悄去造访一位高人。高人请其手书一字,于是皇子立即写一"問(问)",高人立即拱手恭喜,命其连夜进京,不带随从家小,只身上路,须于某日某时到达皇庭,不得延迟。皇子不解,一个字怎算得有帝位?高人先后用手捂住左、右,请其观看:問(问),乃"左右都是君"之意,此行必然承袭帝位,不可不速。

  于是皇子带着狐疑之心只身上路——因为无论怎样都是危机四伏,做与不做都是危险,还不如舍命一拼或许还有生机。于是他化妆成平民只身上路混入京城,入得皇城,在皇帝驾崩时到位。而此时,一群皇子正在路上暗杀代帝巡视的太子,另一群皇子正在密议怎样接应戍边的皇子,还有一群皇子在做着其他的"功课",在皇帝咽气之前赶到的,也就只有这一位"因为思念父皇心切,甚觉焦虑,于是甘冒杀头之罪奔赴京城"的皇子……于是,此皇子顺利登基,那"左右都是君"

的测字之学，也便增加了一层玄学的味道。

1952年，荣格在一篇 On Synchronicity（《论共时性》）的论文中把这种如易经测字占卜获得结果的心灵与外部世界联结的现象叫作"共时性"，描述它为"非因果的有序状态"——"两种或两种以上事件的意味深长的巧合（meaningful coincidence），其中包含着某种并非意外的或然性的东西"，它是一种经常存在且有规律地发生的现象，同步的事件则是"即时的创造行为，是一种存在于一切永恒中、不时重复其自身的，而且不可从任何已知先例中推论出来的模式的持续创造"，它是一种"有意义的巧合"，而且遵循非因果性联系的原则，是内心世界和外部世界的活动之间、有形与无形之间、精神世界与物质世界之间的联系。共时性事件往往是内心心境与外部事件同时发生的，也有部分相隔一段时间才得到验证。荣格认为，在微观物理学和深层心理学之间有一个共同的背景。这一现象与中国古代哲学"道"之间有着不可名状的关系。

物理学家卡普拉在《物理学之道》中说："在现代物理学和东方神仙主义之间存在着密切的相似性"，并认为理论物理学的发现揭示了宇宙是一个和谐统一的过程，是相互联系的元素所组成的动力网，而这正是佛教与道教哲学的根本思想。在这种和谐的体验中，时空被超越，或者时空尚未出现，这种内在与外在完全同一性的状态"与中国哲学中的'天人合一'没有任何区别"。

或许，那位皇子内心的焦灼与所关心的，以及未来真实的皇位之间形成了一种高度统一的同一性，那个同一性超越了时间与空间，超越了理性与感性，借助"问"这个字呈现出来，而那位高人则是一个智慧的解码器，他用更高级的直觉意识看到了"君"主的存在，并结合皇子的时局给予指点。或许这就是"天命"所在。

这种直觉力的修行，有可能是被称为穿透了意识与无意识阻隔的，或者被称作天道、天意的执行者,而执行者所遵循的"工作手册",是《易经》。于是,君子问天、君子问心,便成为天道文化的重中之重,也成为修身知命的核心。

不知道这种直觉力,或者天道之心的解读者、执行者、传播者会不会有着特殊的使命。比如仓颉,因其造字功勋卓著被称作万世文字之祖,被黄帝赐予"仓(倉)"姓,意为"君上一人,人下一君"。黄帝所赐的"仓(倉)"重点体现在"君上一人,人下一君"的概念上,至于君是黄帝还是仓颉,或者人是仓颉还是黄帝,恐怕见仁见智,无须聒噪。但是显然所赐"仓(倉)"中的"君"是有特殊含义的,是尊称,至于是君子还是君主倒不是重点,也是黄帝为了衬托仓颉造字会影响中华文明历史而彪炳其功。

人下一君,君上一人

仓颉——倉頡,原姓侯冈,名颉,号史皇氏,陕西省白水县杨武村鸟羽山(一说山西临汾)人。史称仓颉"龙颜四目""声有睿德""生而能生"。此人善于观察——如伏羲先贤般"仰观天文,俯察地理,近取诸身,远取诸物"创造八卦一样,在黄帝命令之下创制文字。他批判地借鉴了神农氏结绳记事的方法,根据鸟兽可依足迹而区别判断的规律和现象而造字。相传,仓颉造字成功之时,"天雨粟,鬼夜哭",令天地震惊,因此仓颉被称作万世文字之祖。黄帝因其功绩彪炳,赐"仓(倉)"姓。

古代有传说天下将饿,则有"天雨粟,鬼夜哭"的现象发生。《淮南子·本经训》记载:"昔者仓颉作书,而天雨粟,鬼夜哭;伯益作井,而龙登玄云,神栖昆仑;能愈多而德愈薄矣。故周鼎著倕,使衔其指,以明大巧之不可为也。"东汉高诱注:"苍颉,始视鸟迹之文造书契,则诈伪萌生,诈伪萌生则去本趋末、弃耕作之业而务锥刀之利。天知其将饿，故为雨粟。"

汉王充在《论衡·感虚》中说："燕太子丹朝于秦，不得去，从秦王求归。秦王执留之，与之誓曰：'使日再中，天雨粟，令乌白头马生角，厨门木象生肉足，乃得归。'"

汉字的创生为人类文化与文明的记载立下了不世之功，但圣人"天雨粟，鬼夜哭"的提醒却并未被足够重视。因为可以记载，德薄之人定然会为了记载而作伪粉饰、修改，伪诈权谋之辈也定会借文字而欺蒙，利欲熏心、沽名钓誉之徒也必然会为了某种特殊的记载和传播而功利化，各种欲望被激发，虚妄不真实的现象必然增多。老子《道德经》十八章："大道废，有仁义；智慧出，有大伪；六亲不和，有孝慈；国家昏乱，有忠臣。"也许"天雨粟"恰恰是表达了人生智巧而大道荒废吧。

荣格心理学对于意识控制增多而远离潜意识或集体潜意识的现象多有研究，认为过强的自我意识会制造逃离自性的自我中心，制造更多的人格面具，被情结所困。英雄与英雄主义的区别也在于此。英雄，做生命应该做的事，担当成就；而英雄情结，则是事事、时时以英雄的标准标签化自己或要求自己，成为一个"单一"的英雄而不是自然人。

影片《狮子王》，辛巴被刀疤叔叔诱惑产生好奇心而至土狼聚集地，差点儿被土狼吃掉。父亲老狮子王木法沙救下他并心怀恐惧教训他时说："辛巴，我对你非常失望！"教训他："你故意不听从我的命令！更糟的是，你让娜娜置身危险之中！"辛巴在刚刚经历了死里逃生的恐惧之后，接着心怀惭愧比较了自己的前爪与父亲脚印的差距，在如此地害怕、羞愧之下仍然辩解道："我只是想像你一样勇敢！"这是一个向父亲、向英雄认同的过程，也是一个走向英雄自我的起点，还是英雄主义的萌芽。此时的狮子王木法沙说："我只有在必要的时候才勇敢。"这个"在必要的时候才勇敢"就是一个超越了英雄情结的表达，成为英雄是一个情境性的需要，而不是"我"的需要，是那个情形需要一个英雄,而不是"我想"成为英雄。当人不被意识自我控制远离了自我中心,也不被原型自我所控制成为生命角色的傀儡的时候,他才成为真正生命意义上的英雄——成为他自己。

在文字面世之后,本义可以表情达意,但也可能被人用于如实记载、真实表达,也有可能歌功颂德,还可以标榜、诽谤,人心便会被这文字隔离,只见文字不见心,那心便不在"道"上了。背离道法,可能是真正让自己内心的主宰担心的吧。

君子如射

以修身悟道为要务的君子的人际关系像射箭,射箭是修行,修行也像射箭。在《论语·八佾》里记载:"子曰:'君子无所争,必也射乎!揖让而升,下而饮,其争也君子。'"《中庸》记载:"子曰:'射有似乎君子,失诸正鹄,反求诸其身。'"

这就是孔子说的"君子如射",射中了就好,射不中呢?"行有不得,反求诸己",射中了就中了,过去了;射不中呢?回去找找自己的原因,是心态不好?着急了?手哆嗦了?还是视力不好需要吃维生素了?君子肯定不去抱怨说是箭靶子放偏了。所以人际关系好坏,与外人没有什么关系,在自己。"不怨天,不尤人"是君子修为。

抱怨别人,是因为自己不允许自己不行,不允许自己犯错误,不允许自己任何一方面低下。当然这是一种理想化,也是幻想。它否定并分裂了现实,把好的预期留给自己,把坏的预期扔给别人。这种人活的目的就是无休止地打击别人,其隐藏的功夫是攻击自己。为啥?没有边界,内心没有,现实生活中也没有。

每个人的念头、想法一产生,就是从心性的水平面上,累积了内在的一股欲望的能量,向内累积后攒足了劲儿,向外抛出来,打到谁算谁。当然打到谁也是跟那个人"有缘",至于是善缘还是恶缘另当别论。那个力量出来了，向外的，就成为攻击。只是这个力量出来之前，在内心中累积力量的时候，已经制造了内伤，先向内否定一些什么分裂出去，这个时候内伤已经产生了，只是被它合理化之后不被解释成创伤。所以伤人一万，自损八千，而且自损在前，伤人在后。

没有自我疗愈能力的人就变成了没有情绪管理和行为管理能力的人。君子不是如此，君子有边界，有规则：君子坦荡荡——坦荡荡就是对君子心理素养和做事风格的要求。而"小人常戚戚"常戚戚就是人格弱小，格局小，心量小，利己而损人，自我心中，常戚戚就是"小人"的身心语言。君子之交淡如水，小人之交甘若醴，君子之交水清淡，不以利诱，不以惑、媚，如无味，专注于内在心性的修行和自我品格的建设。而小人则相交以利、诱人以利、利用人，他的目标在自我中心，在关系层面，在物质或利益自我层面，心外无人，眼中有利。所以君子胸怀天下，以己利利益天下；小人心中只有自己，以天下利益自己。

人到了一定的境界之后，不太说话，不太发表意见，为啥呢？伤元气，耗损元神，扰人心动，君子不干损人之事。

当然，如果内在是生产了一些好的东西呢？也是把内心的结构改变了一下，变成开心、喜悦、成就、价值，只是把内在的力量中能够让自己得意一下子的能量积累到了一起，那个伤就是糖衣掩盖下的炮弹，外表无伤，但伤及心、脉于己于人无利。

所以，说人长道己短的事儿，还是不说为好，因为起念之间，就把自己的元神破坏了，人际关系，还是省着点儿好，近了行，远了也可。

君子，如射，是如，如来的如，也是好像，打个比方，真正的含义是连射也不射，连个射的想法、念头也没有，那就真射了。

而君子之射，贵在体念，身之方寸，身心之方寸，以身心修养为目标，射以身心，也以身心为射。

禅

禅，是一种修行方法，古代各教派都有修炼，印度佛教传入时，翻译为"禅那"，意为"思维修"或"静虑"，是一种修心定心的方法，其主要方法是摒弃外缘，集中心神反观内心。禅与宗教无关，是一种修行方法，非佛教所专有。

在中国，尧帝首推禅事，行禅让制，后佛教传入，乃至几百年后禅宗渐兴，禅渐至成为佛教的专有名词。又因为，禅宗被称为佛心宗，所以，禅就是佛心，由此禅基本被固定下来作此应用。

《六祖坛经·坐禅品第五》："外离相即禅，内不乱即定。外禅内定，是为禅定。""外离相"也叫"外断诸缘"，断绝与外界被无意识推动相联系的攀缘念头与行动，断绝关系与念想就是禅了。

《心经》讲观世音菩萨"行深般若波罗蜜多时，照见五蕴皆空，度一切苦厄"，其中的"行深"指的就是"禅定功深"。这句话是讲，观音菩萨在深度禅定中发现"五蕴皆空"——无论是色身，还是感受、意念想法、意识流或行动、认识——一切皆空，没有实在性，并非恒常存在，时时变化，并没有一个实在不变的"我"。认识到世界本没有一个"我"的时候，就了知了"无我"境界，也就解脱了一切烦恼与痛苦。观世音菩萨也因此而征得"大自在"。观世音是他的修行方法，大自在是他的修行结果。

作为我们普通人，修禅有什么用吗？简单说就是减少生命力的耗损，消除不必要的能量流失。有一个简单的投射性的拆字，或可一看。

禅，左侧是"示"，上面的"二"是一天一地，是古代的"上"；

下面的"小",可以是"川"——坎卦,也可以是"三"——乾卦。整体的"示"代表"上天垂象",也就是大自然呈现出来的、像悬挂在自然界的各种现象。

禅的右侧是"单",有时候写作"單",一说它来源于佛教禅宗僧人睡觉的地方,这个地方只有一个椽子的宽度,作为一个单位,也是后来僧人到其他寺庙落脚称为"挂单"的来源。

其实,它还可以拆分为三个部分:阴阳符号+"日"+"十",日即太阳、光明、温暖,处于阴阳之间。光明处于阴阳之间,非阴非阳,既阴又阳,含摄阴阳而非阴阳。意为天道光明不在阴处,不在阳处,而在阴阳之间,在含摄阴阳之地。其功用或者说光照区域可以遍及十方宇宙。

或许有人偏偏指出一点:为什么那个"十"没有像"神"字一竖那样贯通呢?可以作这样的回答:一是阴爻代表虚而不实,也是虚空无际的意思,所以既是无尽,当然无可尽达;二是禅非结果,而是一个修行状态和过程,修禅修定并非真正的终极修行,修行的终极目标是开慧,寻求智慧解脱是根本。如《六祖坛经》中印宗法师问六祖慧能,五祖传了你什么?六祖回答:"指授即无,唯论见性,不论禅定解脱。"禅宗,明心见性是根本,这是唯一的目标,至于禅定解脱乃是过程,而是小乘善果并不究竟。

所以,这个"禅",并不是要我们缠来缠去,而是修得清净心,断掉纠缠,见到那个能信或不信的见性、干干净净、不粘不连的本体,回到本性水平,那就自由了。

行禅的思考

在坐禅打七之间,有一个规则:每次开始活动之前,都会先按照既定的路线顺时针绕圈快走,有几个要求:最快的在中心,次之在外,后面走的人盯着前面人的衣领,右侧的胳膊甩动的幅度大于左胳膊的两倍多,即左三右七。且在行走之间体会自由的心境,专注于行。然后根据维那师的指令走或停。如我般胖的身体,系鞋带需要人帮助的主,走起来还可以,比较敏捷,一路快走,躯体微热,很舒服。走得舒服的时候,坐禅就比较舒服。因为身体活动开了。期间有几个思考很有意思:

(一)"被狗追"的感觉

之前看过虚云老和尚讲参禅的资料,略有所记。记得有一个片段是讲人在行禅或坐禅的时候,需要保持注意力集中,怎样算集中不去胡思乱想呢?有一个办法,体验体验被恶狗追的感觉。在此次行走过程中,我的眼角余光之中闪见了一个身影,但只看到身影,不见人的。因为我走得极快,也是走在第一个,可想这个人也走得极快。我想再快一点,而她也一样的速度。这时我产生了一个想法:我一定要快些看看这个人是谁。结果下来,出了一身汗,也没有看到是谁,在结束行禅后才注意了一下她,也便突地产生了一个想法:有机会我追你。此间,我突然想到虚云老和尚的这个故事,我一边走一边笑,被恶狗追的时候只有一个想法:快过它。真的是排除了其他所有的念头。看来选择一种方式让自己高度集中、专注于一点,还是不难,难就难在能不能够全身心的,眼睛、耳朵、腿等身体的所有组织和器官都围绕一个目的而动。

(二)"追狗"的感觉

如上,某一天的4:30我进到禅堂时,原来我身后的那位"幽灵"居士已经开始行走了。于是,我没作二想,迅速插入队伍开始跟随。我发现,走在第一个只有一个念头:快些。而跟随其后,却要紧张得多,既要想跟得上,又要注意前人可能调整的步伐与方向,还要考虑其他圈里的人是否会碰到。所以随时要准备调整落脚的地儿,随时要关注要转向的脚,随时要多踏出一厘米,随时也可能慢下一米。这种跟的感觉,使我更加高度集中,更加快速反应,一闪念,一个动作已经形成;一个反应发生后,甚至还来不及明白发生了什么,只晓得前面的人一个动作细微的变化,自己也就作了相应的反应,如此而已。也有一两次,稍作他念,便踩到近邻的后脚跟或者碰到旁边人的手。如此,一念,可想:做了多少个思考之后的结论,是否还是最原始的反应?是如何做了修改?为什么呢?怪不得有人说:"人类一思考,上帝就发笑。"

(三)追与被追的起心动念

刚刚觉察到被人跟得很紧的时候,只有一个单纯的念头:快一点,有点距离。细想也可能还有一点"自己慢了就被碰到了",也许是要保护自己而产生的一个"快"的想法,或者生起了一个"竞争一下"的比较心。而发现自己快了之后,并没有拉开距离,这时候可能产生了另外的一个想法:一个新的竞争的念头——呀呵,你还能比我快?我落不下你?一个轻狂的比较产生了。当然这个想法产生是因为很久之前有一个要做第一的想法或愿望,这个愿望可能是自己的,也可能是被要求的,还可能是为了被喜欢或者接纳而想出来的"办法"。一边迅速地行走之间,一边电光火石般地思索。这个思考在我此次的经验里选择了直线的连接,一个疑问产生后,直接跟随了一个结果。行走坐卧体安然是一种境界,而要达到这个境界,需要把起心动念之间的关系化解掉,或者放掉,或者解除他们之间的关系,即,使之"无缘"。于是,安然。

(四)谁在指挥?谁在听话?

在行禅的过程中,都要听从维那师的指挥。这个规矩在之前就已经清楚了,但是没有思考什么。进入任何一个团体或组织都需要服从相关的规则,这已成习惯。只是在这次行禅中走得很急,一心关照在走上,突然间听到维那师"快走跟紧"的声音,我的步子便有意加快了一点。刹那之间猛的一个念头"谁在指挥？谁在听话？"是维那师在指挥吗？还是他在按照寺里的规矩指挥？这寺里的规矩是由谁指挥而成呢？无法确定。"谁在听呢？"我吗？我的腿的行动是他在指挥还是我在指挥？无论是谁指挥，腿都未必听。一则指挥可以无限而腿力有限，二则无论指挥是否有方或是否正确，腿都未必服从，大脑指挥了但腿未必做。这其中的因由万千，并无一个完整体系而言。如果腿没有听从"快走"的指挥而加快步伐，那腿是听了谁的话呢？有时是意识指挥，有时是无意识指挥，无意识的指挥有些处于无明之中。而专注思维"谁在指挥"是一个突破无明禁锢的重要方法。

心理咨询过程中，咨询师往往会产生一些体会、感受、想法，或者见诸行动做些什么。这个过程与行禅的过程极为相似，也就是说，心理咨询师所准备做的"是谁在指挥"这个感受、体验、想法甚至要做什么乃至已经做了什么，包括决定不做什么，均需要考虑"来源于何处"？渐渐地，动前就会想这个问题，再久了，产生感受、体验、想法的一刹那就明了了，于是便不会盲动。不盲动便是给自己和来访者提供了回归真实的机会，提供了回归自由的空间和时间。

打坐参禅与心理咨询师的自我成长

接触佛学，或者接触禅学，对于一个心理咨询师有着非常重要的意义。比如，打坐修禅的过程可以考虑与自性化相连结，也可以帮助自己完成个体化的分离，还可以思考是什么引起了移情与反移情。往小里说，学佛学的过程是了解另一门心理学，一种给了生命另一种定义的学问，打坐参禅是一个深度了解自己内心世界的方法，借着身体这个壳，也借着与被称为"我"的概念发生联结。

当然是否皈依是另外一个问题，也许有人是因为内在的弱，或者恐惧，希望找一个无比强大的力量来保护自己，请佛进入内心做一个"超我"，在自我内心中启动一个力量源泉，赋义于"佛"。事实上可能是他把这种力量投射给一种叫作佛的东西，让这种投射来保护自己。

也有人是因为做了一些或者很多的让自己感到歉意或罪恶的行为，自己承担不起，也无法原谅自己，希望借助于一种超越的力量给予自己谅解和宽容。于是自己做一个意象或概念投射出去，产生一个叫作佛的东西，自己再在无意识中告诉"佛"："他真心悔改，可以原谅他。"于是这个人就听到了可以被原谅的声音。但是因为自己太想做纯洁的人了，所以佛说的也不一定就有效，于是一而再地佛前忏悔、求佛原谅。自己在内心制造一个高大的力量源泉，起个名字叫作佛，然后把自己被原谅、被接纳、被包容的希望投射到这个佛身上，然后再在无意识中指挥这个"佛"认同这个人被原谅的乞求，再内射或内投回本人身上。这一圈投射性认同便在自己身上转开了花。

还有人是经历了许多的"磨难"，似乎是看透了世态炎凉——或是看透了，或许是过度认同了那个"看透了"所携带的悲伤体验。于是选一个清静之所修心养性。于是认为佛出离开世间之法可以让自己解脱。在理想化的防御机制作用之中，便完成了被接纳的一个幻觉。因为一旦进入到一个相对封闭的环境之中的时候，不再接触世事，不再让自己的欲望被撞击，似乎就产生了一种修来的清静心境。也就是说缺少了对象，发不了力，也便接触不到回力的作用，而那个"清境"的心境体验是真实存在的，但未经检验，所以不能确定是否稳定，需要考虑是转换或隐匿了刺激因素而生成的体验，还是已经从机制上改变。

还有一种人，意在深信有佛，深信佛几千年累积的智慧，于是以佛弟子的名义进入这个藏宝阁，读了很多书，解了很多义，感恩于佛，于是诚意按照佛的规则行事，将佛内化于心，将佛义落实于行。

当然，人上一百，形形色色，不一而足。换句俗话，叫作"林子大了什么鸟都有"。也适用于学佛，千人修得千人面。产生一个可以被称为佛的人，实在是不容易。修得了佛道，是因为遵循了宇宙生命存在的规则，产生了许多超越性的或者解脱性的体验，有了说话的资格，或者有了被人学习的资格。

所以说，学佛可以离苦得乐，也是一种妄想，认为生命是一种苦或者有一种叫作乐的东西，已经是一种投射，再者要离开这种叫作苦的东西，又是制造了一种假说。借着制造些名词假说讲一讲体会而已。

苦、乐，是我们对自身感觉、感受的一种评价，一种态度，一种接受或拒绝的态度。我们往往会因为评价而做无休止的事情，而忽视感受本身。就如在初学打坐时，腿疼，想换个姿势，然后就发现腿越发疼了，忍也忍不住，于是开始心烦，开始浑身不自在，想逃离疼痛的欲望更强。疼只是一种感觉，认为疼不舒服、不想疼、想不疼，是产生逃离的最初愿望——那个逃离是在落实那否定、拒绝的评价。于是在一个小小的愿望之下，我们便产生了巨大逃离的能力。而事实上，疼并没有解决，也并没有了解为什么疼，疼意味着什么。

一个心理咨询师或者心理治疗师，自我成长、自我修为的程度，便是距离这起心动念一刹那间一个态度、一个评价及其态度与评价产生的最初原型的距离。一个心理咨询师或治疗师的智慧，也便在这知与放之间。

禅思

（一）

求佛也是理想化，做祖更把名利押。
与生为善无善念，生老病死心当家。

（二）

求佛本是幻影，做祖亦是妄情。
直下承当一切，自性自在虚空。

（三）

万缘本是无缘，放下亦为贪拿。
睁眼只做一事，放心安心是法。

（四）

竖排文字点头应，由右至左于古重。
联结祖先与父母，延伸慧根长心命。

向右向右向右，疏典忘祖有漏。
贪心被扰有竟，心灵迷失无救。

（五）

禅堂修次第，选佛定生死。
空无是真有，佛阶亦可期。

（六）

禅堂次第明生死，死死生生未可知。
求佛做祖真造次，万缘放下当下直。

禅修观感

（一）缘起
二天"一宿觉"，如是我所见；
众生与佛法，一一悉在前；
如文有所记，实无有发生；
如有生灭像，尚需再修禅。

（二）义工
八十罗汉身，齐齐聚广慧；
义工诸菩萨，合掌列队迎；
人人心欢喜，面面露佛心；
事事均俱备，点点透真情。

（三）住持
千年古佛刹，清幽度化身；
首座言无语，服务细如尘；
默默勤做事，殷殷普法心；
大愿供如来，无始一报身。

（四）学员
四方诸佛子，寻心一觉行；
清晨迎微露，晓夜送繁星；
偶有蚊虫咬，当得宿障消；
念飞腰腿痛，唤醒见性明。

（五）侍者

则庄小法师，身带易筋经；
言语轻且柔，质朴含笑中；
十二达摩法，一一名相生；
传承柔心力，愿众悟禅声。

（六）法师

天台达照师，威威戒中行；
笃定行佛力，普法有慧生；
两只决明子，一路佛子踪；
生身接佛种，法身度众生。

无中生有智，空有不二宗；
心禅无差别，三学依戒凭；
定慧相等持，传法度迷踪；
佛无讲法事，照心欢喜从。

此生来无始，去日亦无踪；
禅心正法眼，天台妙像公；
脱口生莲花，佛意方寸中；
行在娑婆世，心生极乐宫。

（七）结语

世有无始劫，如来结因缘；
真如一宿觉，当今善示现；
芸芸贪嗔众，当现菩提种；
由此无上心，誓渡有情生。

禅心

禅禅禅禅禅，乱心定心丸；

有心无处觅，觅来刹那间！

（书：太平继程；诗：作者；2019 年 9 月 18 日）

定

定,稳定、固定、安定,特殊之处有禅定。

禅定是一种特殊的修心方法,华人语系里多指佛教禅宗修行方法:一心审考为禅,息虑凝心为定。以为静坐敛心,专注一境,久而久之达到身心安稳、观照明净的境地,即为禅定。又有细分,禅为色界天之法,定为无色界天之法。依其入定程度的浅深,并有四禅(色界定)、四定(无色界定)的区分。

我们普通人并不需要了解太多禅或定的知识,但如若对心灵深度感兴趣,不妨努力参学,本文重点在分析"定"字。

河北有一个正定县,其来源蛮有意思:昔日刘邦平定八王之乱,面向北方说:"从此,天下真正安定,此地就叫真定吧。"此后,设真定府。

清代雍正登基做了皇帝,为了避讳他的名讳——胤禛,要改"真定",因为他崇尚佛法,也是开了悟的禅师,便将佛家"八正道"之一的正定取代真定,意在求其江山永固、人民真正安定——定于般若正见。

《六祖坛经·坐禅品》:"善知识!何名禅定?外离相为禅,内不乱为定。外若著相,内心即乱。外若离相,心即不乱。本性自净自定,只为见境思境即乱。若见诸境心不乱者,是真定也。"

《大学》开篇:"大学之道,在明明德,在亲民,在止于至善。知止而后有定,定而后能静,静而后能安,安而后能虑,虑而后能得。"知止后第一位的便是得定,定因知止——专注而生。

定的意思非常明显,稳定、安定、固定,而且须知外界的稳定虽重要,而相比之下内心的定更加重要，透过这个字可以看到"心"的面貌：

宀，象形字，读mián，"交覆深屋也"，有房子的意思，有覆盖的意思，有保护的意思，也有界限的意思。

定的下面则是"正"的变形，也是"一"+"止"，止于一之意，止于一即是专注一心的意思，一心为正，分心则偏。

更重要的，耻字的繁体写法为"恥"，恥辱、羞恥，都是"耳"+"心"。若无中国古文的基础，恐怕万万想不到"唯心有止"，心即止，止即心。正即是一心，一心即正，二心即偏。

于是，定，便是内心止于一境性，专注无旁，有如一个房子，把心包覆起来，断掉外界干扰——外绝诸缘，一心清净内守，也才能获得安定。

正定，也即止于一心，正于一心，于外一心，于内一心，内外一心，方为正定。

所以，"外离相为禅，内不乱为定"，也就是断除心外一切关系元素的干扰即入禅境，内心不乱——心一境性、止于一，即获安定。

"知止而后有定"，心有所止，即生定境，生定境者，乃自性真定。

由此，心安居于心室之内，不假外求，即是定。

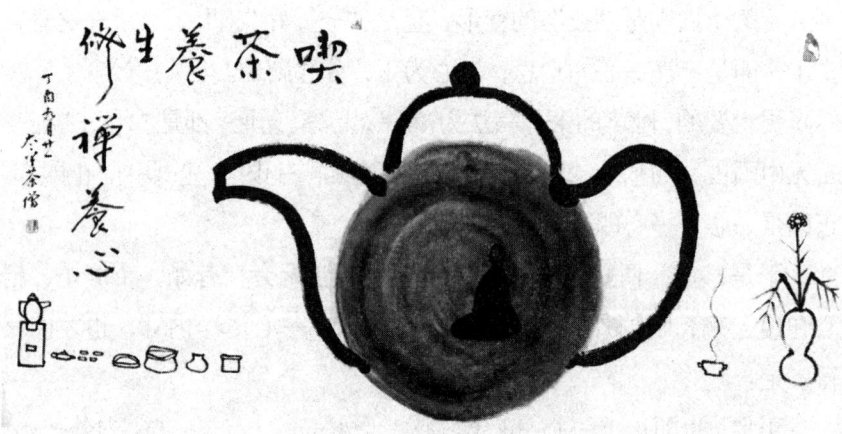

壶

壶中世界一乾坤，乾坤内外无冬春；
我于壶中安心在，不离身内身外身！

（画：太平继程；诗：作者；2017 年 10 月 31 日）

观

觀 — 睪 — 舩 — 觀 — 觀 — 觀 — 觀 — 觀 — 观
商　　西商　战国　小篆　秦　汉　汉　楷书　楷书

观，繁体字为"觀"，象形字，会意字，商代至西周期间始见本字。本义为有目的地仔细察看，后引申为观点、看法，观往往与景色有关也延伸到景观、道观等义。

观，《说文解字》言其有"谛视"之意。《穀梁传》曰：常事曰视，非常曰观。凡以我谛视物曰观，使人得以谛视我亦曰观，犹之以我见人，使人见我皆曰视。（谛，仔细，道理。）宋代王令《谢束丈》之二："令观古之圣人贤者，践事开端，初亦似有可疑者；及谛读而审思之，则有义焉无疑也。"《释名》曰："观者，于上观望也。"《易经·观》："大观在上，顺而巽，中正以观天下。"南宋朱熹注："观者，有以中正示人而为人所仰也。"

观，《博雅》："视也。"《正字通》："远视、上视曰观，近视、下视曰临。"《易经·观》："初六童观。"《朱子曰》："卦以观示为义，爻以观瞻为义。"

佛教有"粗思为觉，细思为观"的说法，觉与观都有看的意思，都有向内看的意思，而觉是比较粗重的看、不太精准的看或者思维，观是比较细密、精细的看或思维。

禅门修行，往往被称作"止观法门"，止为禅定，观为智慧。天台宗有《童蒙止观》《小止观》，为修习止观坐禅法要，是修习禅定的核心方法。文中说："诸恶莫作，众善奉行，自净其意，是诸佛教。若夫泥洹之法，入乃多途，论其急要，不出止观二法。所以然者，止乃伏结之初门，观是断惑之正要；止则爱养心识之善资，观则策发神解之妙术；止是禅定之胜因，观是智慧之由藉。"

简而言之，观的核心为"见"，是那个能见的功能，能见的本事，能见、能闻、能觉、能知，是为心。心的精微细腻，须观方至。是以，观世音、观自在，方可入得甚深禅定，方可照见五蕴皆空，方可度一切苦厄，方可自由自在。

观念，观那个念，观那个当下（今）之心。

观想，观那个想，观那个心上之相。

观望，观那个望，观那个心王之上亡失日月阴阳。

观看，观那个手护之目，目之所及，见性而已。

《观世音耳根圆通章》介绍了"十四种无畏功德"，其一曰："由我不自观音，以观观者。令彼十方苦恼众生，观其音声，即得解脱。"后有偈曰："反闻闻自性，但闻性即能观之性，无有观者，亦无被观者，由我不自观以观观者，泯除二分对立，统归一元无上大道，观及所观，在性处无别。"

湖中月

方圆世界竟方圆,清泉涌处涌清泉;

苦行精进为拔苦,世间世外做圣贤!

(书:太平继程;诗:作者;2017年11月16日)

身

　　身，指身体，身心，也指自身、自己，还有身份、角色的差别。而中国文化讲身心一体，心为有身之心，身为有心之身。无心，身死；无身，心无所居。

　　身为象形字，为身躯的总称，像人形，往往指称身家性命。中国文化把父母生养的身体生命称为身命，而把思想、智慧、精神的生命称为慧命。父死，守孝三年；师殁，守孝六年，也是因为师父、先生、老师给到的是智慧指引。

　　《金刚经》里有一段须菩提与佛的对话，前面的章节都直接说须菩提如何如何，而到了第二十一品"非说所说分"，突然出现了"慧命须菩提"的说法："'须菩提，汝勿谓如来作是念，我当有所说法，莫作是念。何以故？若人言如来有所说法即为谤佛，不能解我所说故。须菩提，说法者无法可说，是名说法。'尔时，慧命须菩提白佛言：'世尊，颇有众生于未来世闻说是法，生信心不？'佛言：'须菩提，彼非众生非不众生。何以故？须菩提，众生众生者，如来说非众生，是名众生。'"

　　此时的"慧命须菩提"与之前的"须菩提"有何不同吗？是的，佛法以般若智慧为法身慧命，见了空性智慧的人，开了悟或者彻悟见性的人，就是拥有了佛法智慧的人。没有见性之前的生命还没有断除生死流转，见了空性的人，就解脱了生死烦恼，彻底自由了。也就是说此时的须菩提的生命存在发生了本质的变化，从有生有灭的物质生命转化提升为不生不灭的智慧、生命，属于"跳出三界外，不在五行中"的超越和解脱的生命。他的生命形态，从物质身体向法性身体过渡，不再受生物学因素控制。

那么须菩提是如何开悟了的呢？佛说："若人言如来有所说法即为谤佛，不能解我所说故。须菩提，说法者无法可说，是名说法。"最后的"说法者无法可说，是名说法"，破除法执，得见空性，作为解空第一的须菩提彻底破除法执——无一法可得，法无定法，如六祖说八万四千法，"为世人有八万四千尘劳"，若无烦恼痛苦，也便无一法可生。于是，已经破除了我执的须菩提此时破除法执，彻底证得空性，秘以称其为慧命须菩提。

如此，作为吮吸了修道文化与悟道文化的中国人而言，也应重慧命，注重智慧的修习，用好这个身体，朝向智慧的彼岸行进。

于我们而言，因为有这个肉体生命，借此来感受生命、体验生命、思维生命，也必然承受这个身体带来的愉悦和痛苦，并修习身体意识、与潜意识的分离。修习身体的感知能力与被感知事物的分离，修习功能、物质、事物与认识的关系，进而扩展人与一切存在之间的关系。可以经历一切而不执着，可以借一切事物而不自有，朝向无我、无所得的方向进步，已属难得。

画禅坐

宜兴宜居地,怡你怡我身;

圆满一心意,家味道地今!

(画:太平继程;诗:作者;2017 年 11 月 1 日)

命

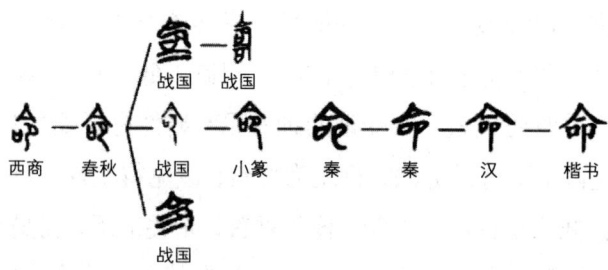

形声兼会意,甲骨文的"命"和"令"是同一个字,本义都是发布命令。到了西周时期,"令"加了"口"变成"命",完成了由命令到天命再引申为命运、寿命以及命名等义。

《说文解字》:"使也。从口从令。""令者,发号也,君事也,非君而口使之,是亦令也。故曰命者,天之令也。"《广韵》:"使也,教也,道也,信也,计也,召也。"

《玉篇》:"教令也。"《尚书·大禹谟》:"文命敷于四海。"孔传:"言其外布文德教命。"《说命》:"王言惟作命。"《易经·泰》:"自邑告命。"《增韵》:"大曰命,小曰令。上出为命,下禀为令。"

《易经·乾》:"乾道变化,各正性命。保合太和,乃利贞。"《周易·说》:"穷理尽性以至于命。"这里的命,既是"人所禀受",也是"生之极"。《春秋左传·成公·成公十三年》:"民受天地之中以生,所谓命也。"

有人把命解析为一把大伞下有人跪着听命或发号施令,也有人将其解析为"人需叩天道,方可知名",这个解释就多了人的主观能动性,有了主观认识命运、改造命运的可能性。我们不妨再增加一个解释，来投射一个从"命"里观命的思考：

"命"上一"人"，或可为天人，为天，为人，为自然，为天道，如穹窿天际；中间的"一"为大地；下面的"叩"本义为敲、打，有磕头、拜见之意，拆开为"口"+"耳"。借鉴"圣（聖）"字"耳听真实之言，口说诚实之语"的解释，将其译为"以口叩问，以耳聆训"。问什么呢？如君子问天、问心、问道，低头垂首谦卑以叩，方可受之以耳，听受训教。听受谁的训教呢？显然是听受先哲圣贤的训教，因为先哲圣贤遵循道法，行无为之事，或见得空性，行无行之行。怎么听呢？低头垂首谦卑以叩。低头垂首，无关上下，而是收敛心神，归守于内；谦卑以叩，亦无关高低，而是虚其心，破除执拗，削减清除自我中心，将自我减之又减，以至于无，成无我之境。

而命运的改变，尚需认识命运、认同命运、承认命运、接受命运，继而改造命运。

认识命运，知所从来——知晓累生欲望或愿力，时代环境，周边资源，各种牵制或者助力，悉皆知晓。另外便是学习一些知命的办法：求学、修道、习术总是有方法可以识命，其中修道、悟道为要。

问心识命，知所从去——有人说，投生前喝了孟婆汤，不识来处。只是来则来矣，定是前因所为，知其必有来由就好。将精力和心神定于当下放眼未来，总是对的。不断思索审问自己生为何来、死向何去，成就为何，渐渐会明晰心之所往。

借用儒家一句"不怨天，不尤人"来确定认命的态度，也是佛家所说"直下承担"。这个"直下承担"的当下，就是身心合一的，就是"我命由我不由天"的，就是"我命由我造"，只要降伏了欲望，而不被欲望降伏，不被情结控制，就一定能够知命造命。

饺子好不好吃，要看馅儿！——《哪吒：魔童降世》之心理分析

饺子，因为《哪吒》扬名！《哪吒》，因为饺子，生出了别的味道！

饺子好不好吃，那要看馅儿！看"哪""吒"两个掌心雷响不响！

没觉得《哪吒》会闹出什么动静来，也没有想到饺子里会包出什么新鲜馅儿来！直到今天下午，陪儿子看一场《哪吒：魔童降世》，有所触动。借此向多次推荐我看此片的朋友致谢！

一部《封神榜》，千年神灵怪。中国神话体系的创立与发展，与这部著作不无关系，后世的改编基本会沿用古本原著，多数不会做大的改动。而今天的《哪吒》，则只是借用了《封神榜》的皮，几乎全部改编成为导演自己的馅儿——他把两个掌心雷变成了天雷，变成了善恶相辅的灵珠与魔丸，变成了一个了不起的推倒老爹自己干的架势！用精神分析的话讲，或许算是一个俄狄浦斯的超越。

（一）善恶相辅炼珠丸

一时，太乙真人与申公豹，一正一邪，受师父元始天尊之命，前去降伏吸收了天地之气的混元珠。而影片开始时太乙真人与申公豹联手都非混元珠的对手，这个暗喻用得好，过正或者过邪，都无法常胜。所以正派的仙家代表太乙真人不敌混元珠，或是因其过正而失去了对立面的平衡；豹子精修炼成仙的邪派代表申公豹也惨败，他缺少了天地正气。而最终出手的，是正邪双方的师父元始天尊——超越了正邪的力量，也只有超越了正邪力量的一元复始之力，才可以镇得住那吸收了天精地气的混元珠。炼化的过程便是提纯的过程，是精致的过程，精而致精，化为灵珠与魔丸，有了具体承载的形骸，实现了太极混元之"一"生"灵珠""魔丸"之"二"的过程，也是一个明晰"好"和"坏"过程，是从混沌的集体无意识上升到意识觉察的明晰过程。

（二）善恶相对炼珠丸

前面是善恶相辅，因其混元珠为一体，而太乙真人和申公豹有携手合作战斗的过程，战斗双方内部都没有绝对的善恶，而是有善有恶、善中有恶、恶中有善的混沌状态。而接下来的善恶相对，则是太乙真人与申公豹走了两条完全不同的路——太乙真人受师尊之命护持灵珠投胎完成哪吒的转世，而申公豹则因为被师尊"否定"而心生嫉妒，决定暗度陈仓——俄狄浦斯弑父的暗黑行动，转换灵珠与魔丸，申公豹本人也强迫性地重复了他的兽性——与恶龙合谋，释放死本能的破坏情结。他也动用了智谋——想借灵珠与魔丸之力，完成命运的逆转。两个神仙走的路，一个上天——到了人间，一个入地——下到了龙宫镇压魔兽之地。也意味着一个到了链接天地人神鬼的世间，一个入了无限憾海的地下之门。从上层的神灵境界，即在人的精神世界，生生地分出了人间与魔界。

（三）善恶相隔炼珠丸

申公豹施了魔法，盗取了灵珠，将魔丸化为魂魄摄入受天命转世的哪吒身体之内，而将灵珠施予了与其合谋对抗命运的龙王之子敖丙。敖丙是个乖孩子，完成了向父亲认同、向师父认同、向家族使命认同的过程，极其努力，极其聪明，本领强大，尚且保有了纯洁的本性，只是他的自我被父亲、师父及其家族使命占据，而没有与自性相连，虽本性尚在，却力有不逮，被他的英雄情结所左右，才引发了要活埋陈塘关的悖逆之事。此时，他是一个纯洁的"乖儿子"，完全受命于坐在超我宝座上的父亲与师父合体的摆布，若非海滩与哪吒相遇交友，恐怕连接善念唤醒童蒙之心的机会也就没有了。命运有时候就是那么的"巧了"，就是他与哪吒在海滩从战斗比拼到携手为友，将其内心的纯粹"照见"了，两人彼此的照见，做了一个冥冥之中注定的"善恶相连"，为以后的"善恶合体"埋下了伏笔。

而作为魔丸转世的哪吒，则经历了一个认同、投射性认同、反认同与自我认同的过程。出生的肉球或者小哪吒，是其本我攻击性的充分表达，死本能的破坏表现在方方面面，而无所控制的自由本性加上力大无穷，又夸张地表现了他的破坏力，无知乡亲的恐惧也激活了哪吒的攻击本能，如此好像确定了他就是那个魔丸。但是忽然看到影片几个非常了不起的片段，道出了生命本性与善为善、与恶为恶的环境决定论——算是个体在自我功能尚不稳定与强固之下的混乱与摇摆吧。

出生随即咬伤到了母亲殷夫人——出生即带有魔性，带有存在性焦虑，带有死亡恐惧，所以张嘴即伤。几乎所有的母亲都被自己的孩子咬到过乳头，我们会以孩子磨牙来包裹孩子攻击性中的"恶"，也以这个借口合理化母亲的疼痛。此时母亲的回应，或许是婴孩出生后最早练习条件反射的机会了吧？有些母亲在被咬后，伸手就是一巴掌，不用经过脑子就打将回去——她没有涵容的能力，没有消化婴孩恐惧的能力，便将接受到的疼痛与攻击性回传给孩子，于是孩子得到了第一个回应：妈妈没有能力处理我的焦虑，一旦触及妈妈的痛处，她一定会惩罚我，她不会为了我容忍些什么，她不可依靠。所以，婴孩能做的就是掩藏攻击性，变得乖巧。或者，继续用攻击性来表达自己的痛苦，以期母亲可以懂得没有语言化能力的婴孩需要让母亲亲自经历、品尝一下那个疼痛并借此来懂得自己无以言表的痛苦体验。如此，有涵容力的母亲可以容得下、转化得了婴孩的攻击性，并还以殷夫人般的回应："别怕，娘在呢。"有什么大不了的？妈妈在！婴孩听到如此的回应之后，会体验到自己所经验到的恐惧和攻击性在妈妈那里算不得什么，因为妈妈有一种更大的力量。如此，因为有妈妈在，婴孩的安全感建立了。而之后哪吒可以肆意踢毽子拆墙破瓦不用担心母亲会受伤，恐怕也来源于此——妈妈是无所不能的，这种安全的依恋，让孩子学会了微笑，因为价值感，因为意义感，在妈妈的承接之下，被建立了。

哪吒的父亲也在，立规矩，也承担责任；爱护乡民，也护佑婴孩；知道孩子的天命，也拼命照护周全，不惜以命相抵，也要撑起孩子头上的一片天。也正是如此的不言之教，在哪吒被黑化、被极度破坏之际，那只会飞的猪——需要什么变什么的物件——只有心灵具有如此的特性，带回父亲李靖向上天乞求以命相抵的音讯之后，彻底醒悟。无条件的爱，具有转化人心之力；以命相交的爱，具有起死回生之效。

哪吒还有一个精神上的父亲——太乙真人，一个懂得法术、可以穿越时空、变换形质的存在物。这个存在物，向上连接着天命，向下连接着魔丸，向内连接着道法，向外连接着世俗。就像一手握着善、一手托着恶，在中间那个圆滚滚皮囊之下运化。于哪吒而言，更重要的是这个师父成了他成长的陪练，师父教给他法力，而他伤了师父仍然不被处罚而保持了教化之功。小小的惩罚也只是限制了他的恶力——用乾坤圈限制他不被魔化——保持意识的基本清醒而不被集体潜意识里的暗黑势力所驱使，不被集体潜意识里的黑化情结所完全控制。

敖丙则没有那么幸运，他天生没有母亲，他是从父亲老龙王嘴里出生的，一个蛋蛋，接受灵珠之气而运化为龙。他够纯净，纯阳之体，他来自父亲，又受灵珠之气，同时接受的又是男性特征师父申公豹的加持，阳刚之性或许多了些，缺少了阴性的柔美与弹性，变得脆而易碎，单纯却也容易变得无知。少了阴性的柔美——严格来说他不缺阴性，他师父申公豹的阴更甚，只是他的阴带有毒性和对天伦的悖逆。如此，便也会缺失掉生命的活力。他能够认同的，只能是不得自由的怨恨的父亲的大打翻身仗的不认命的反叛精神，以及心机甚重的申公豹的精神指引——一个有着神仙法力、上天眷顾经验但被兽类情结本能无明左右、自我神仙感身份认同极差的师父。这两个超我的执行官——一个是看似龙宫实则炼狱的生身父亲，苦大仇深怨深似海的父亲；一个是身为神仙心为鬼魂的精神父亲,一个不识庐山真面目枉把地狱作天庭的神仙父亲。一个天上黑化的神仙,一个地狱熬透了的恶兽,夹在中间的小敖丙能学到什么呢?如果不是灵珠入体,恐怕他才是真正的魔王。

(四)善恶相争炼珠丸

善恶相争,是太乙与申公豹之争,那是天庭的善恶黑白、天道与魔道之争。善恶相争,也是龙王与李靖夫妇之争,是鬼道与人道之争,是六道轮回与护念生灵之争,是私欲、自我中心与公知无我尚民之争。此善恶之争,还是哪吒与敖丙之争,也是真假龙珠、真假魔丸之争。虽是龙珠魔丸,焉不知那是一个障眼法?借龙珠魔丸之名,来检验珠丸之真假?"假作真时真亦假,真作假时假亦真"。一个灵珠或者魔丸的"天命"称号,就骗得天庭与凡间、龙宫地狱争心四起,哪个动了心思的不是魔?哪个起了念的不着相成魔?

敖丙听从父命借龙珠之力完成家族命运大逆转,无法识别父亲曾经护佑天庭降魔擒兽的英雄初心,也无法看见父亲已经踏在龙宫的炼狱之中心生魔念,更辨别不清师父尚是修了仙身而未修仙心仍然紧紧守着千百年前自己的野性出身而不放——那一个自我贬低的念想造就了师父的沉沦流浪。不知父亲是贪欲未放下,不知师父是心念未清净,不知自己使命为何物,不知善恶来自何方。他争的是父亲与师父的投射——一片与自己本来无关的被利用的苦海苍穹。那,龙珠,何来天地正气?何来智慧真明了?虽言"龙珠",实则魔丸,一片浑浊,皆因那一句"你是我唯一的朋友"而真正存在过,也因为这一句牵动心性本来处的"被看见"而有回生的机会。

哪吒的争,先是探索边界与对自我的保护,是对外来攻击性的还击。之后是对创伤的保护与复仇,因为童心友好被误解、被乡亲和孩童欺凌——恐惧者总是先动手,而哪吒便在受伤无力修复也得不到尊重致歉之后选择了认同——既然你们说我是魔，我就魔给你们看——那是一个愤怒的呼号：我呼叫了那么多，为什么没有回应？我如此地努力，却仍旧无法获得尊重，这个世界令我失望，对自己也失望至极。于是，愤怒与恐惧被激活。那个受伤的痕迹扩大、泛化到掩盖了他的整体，这个泛化扩大的受伤者行动，虽是破坏性的，但也是在言说着自己的伤痕——小了不被看到，那就索性放大了给你看——一个以命搏命的呐喊！这个呐喊，分明在言说着接纳、理解与尊重，要大过分别的"好"与"坏"，而且那个"坏"是因为"我的好"不被看见。不被镜映的"好"，又似不存在一样，也让哪吒适应性地"学会"了隐去。

　　哪吒与童伴的争，既有报复错解了与他踢毽子女孩儿友好的乡亲，也有逞强斗智的游戏成分，吊诡的恶作剧游戏顽劣更多的是孩童间的朋辈关系的磨合。虽是同胞竞争，却也是朋辈边界的试探。

　　与乡亲们的争，则是生本能与舆论偏见之间的角逐抗争，还有无所不能的控制感与惩罚误解者的快感。这个争，无疑有改天换地要认同的期待，也面临着早期受挫遭创碰壁的威胁。

　　与敖丙的争，既有同伴武力与法术的较量参研，也有护卫父母先天亲情的纯朴，还有惺惺相惜、一念相知与生死之争。因为，他们并不是完全的自己，有其家族使命在身，命运由不得他们——因为他们一个是妖龙的后代，一个是斩妖除魔者的子嗣。

　　与乾坤圈的争，有潜意识暗黑情结黑化、魔化力量与智慧心识角力的味道，经历了乾坤圈脱身后被魔力覆盖与操控的过程之后，哪吒长了一个见识，"（乾坤圈）不能全开，会失去意识"。所谓"智慧"，即是"简择"，简单化，却是一语命中，直击要害。保持意识，却不意识化，是目前哪吒能够运用的智慧。乾坤圈，是一个意识与潜意识的边界，也是道法与魔法的边界。

与天雷劫的争,则是哪吒自性自我与命运不公的争,既是自心本性与魔力情结之争,也是"自我-自性"轴全身心合体与意识无意识分裂之争。成为我自己,才会成就真正的天命。

(五)善恶相合炼珠丸

自哪吒那句"我命由我不由天,是魔是仙我自己说了算"出口之后,哪吒完成了自体善恶的融合,在哪吒的身心之内,完成了自我认同,已经不假外求,全力随自己心意而为。他一句"你是我唯一的朋友"赦免了敖丙,也因这一句吸纳了敖丙,在身为魔丸的哪吒遭受天雷劫杀之际,身为灵珠的敖丙却舍命相陪,完成了混元珠分裂之后第一次灵珠与魔丸的结合。

重要的是,哪吒与敖丙即将毁灭之际,身为神仙的太乙真人持九品莲花罩加入了对抗天雷的行动。或许是对抗师尊的俄狄浦斯之力,或许是护佑爱徒的殷殷父爱之情,或许是天命告诉他放下生死劫难一心护念生灵也算自我实现,他超越了听命,超越了符咒,超越了规则,也超越了阶级。

更重要的,代表魔丸的哪吒与代表灵珠的敖丙,加上"跳出三界外,不外五行中"的神仙太乙真人,形成一个超越善恶、超越对错、超越天地神魔界线、超越符咒规则的"道法自然"之境,实现了从善恶的"二"向合作的"三"以及"万物"的跨越。至此,"道生一,一生二,二生三"基本完成,待至协助姜尚助周伐纣之后,便走向了"三生万物"的天道循环。

结局,神仙还是那个神仙,命运却开启了一个新的世纪:太乙真人做了他封神十二金仙的最后一道测验题——超越符咒规则而舍身护生。而哪吒与敖丙,则消灭了有形的躯体,也就消灭了带着他们出生业力与死亡驱力的控制,保有了纯粹的魂魄,携手相合而成太极,阴阳和合,无善无恶无分无别,你中有我,我中有你,你即是我,我即是你——升级到一个生生相惜、众生平等的无我境界。

然则，影片无论多么美，多么激动人心、催人泪下，也没有逃脱饺子的投射，你怎知那灵珠与魔丸不是这个导演饺子导演的测试题来检验观众对文字符号的过度认同？

而我们，也只是在饺子投射的肉馅儿之中，闻到了自己的味道！

饺子好不好吃，要看馅儿！

而馅儿，是我们内心念头的外化！

尽管如此，还是想吃饺子。

逆天的呐喊与现实的骨感——也说"我命由我不由天"

一句
"我命由我不由天"
"是魔是仙我自己说了算"
燃爆了暑期银屏
将《哪吒：魔童降世》
从深埋创作仓库垃圾角
被捧上了天空九霄
把人们压抑到一百八十层地狱深处的自由
爆裂成如礼花般的绚烂
借着这一句入心的共情语言
人们集资支付了40亿
这是一个有意义的治疗数字
压抑太久
井喷成为必然

燃爆之后

静下心来

去思那"我命由我不由天"

它充斥我们大脑并烧到身边环境的时候

是否还是那个"由我不由天"

这与"命由天定"是截然相对的立场

与"顺应自然"是理想化的幻觉

这是一个

逆天的呐喊

一个极度自恋的愤怒狂飙

不知道那天是不是由得你逆反

你自由了

你就成了天

那"天"呢

那"我"呢

《霸王别姬》

生产了一个想命由己造的程蝶衣

——你看看这名字

蝶衣

舞动则生

停摆则死

短寿者 2—3 周

长寿者 11 个月

他的命谁说了算

生来多了一个指头

还被母亲剁了

生在妓女母亲的家里

摆脱不了被袁四爷玩弄的屈辱

依恋师兄

摆脱不了被菊仙嫉妒"拆散"

他唯一自己说了算的

是在演完最后一场《霸王别姬》之后

自刎在师兄怀中

他用死亡定格自己与师兄的关系

——他过度认同了自己与世道的悲惨

要终结自己无望的生命留下与师兄"同在"的历史

他想"我命由我不由天"

结果是由了死神灭了"我"

《诸神之战》

人神之战与神王之战

也是自我命运之战

宙斯之子

珀尔修斯

被神父宙斯生下之后流落民间

眼睁睁看着生母与养父

被地狱冥王哈迪斯肆虐至死

为复仇

踏上了一段自我拯救之路

在哈迪斯获得宙斯力量之前阻止他

一路胜险无数却拒绝天生神力
——因为他恨生他的天父
他也想"我命由我不由天"
所以拒绝使用天父宙斯带给他的神力与兵器
一直到他身边战士一个个被诸恶神杀死
在自己也面临死亡绝望一刹那之时
接受并使用了父亲宙斯的神器才勉强逃生
——他想命由"我"
结果差点死掉
接受了天父——认命
才改变了命运
接受了命运
也就接受了自己可以使用的整体资源

《哪吒》
许仲琳在明代描述他"金光洞中有奇珍"
赋予他"降落尘寰辅至仁"
所以哪吒的一切发展均遵循这一核心使命
出生于李靖家
是因为李靖"自幼访道,拜西昆仑度厄真人为师"
但因"仙道难成"而被遣下山辅佐纣王
——正经的卧底
出生前被一道人"将一物往夫人怀中一送"
殷夫人怀孕三年零六个月——三三之数
生时"一团红气,满屋异香"
为"一肉球,滴溜溜圆转如轮"

而李靖"大惊，望肉球上一剑砍去，划然有声"

分开肉球

"跳出一个小孩儿来，

满地红光，

面如傅粉，

右手套一金镯，

肚腹上围着一块红绫，

金光射目"

天生异禀

含金钥匙出生

而且一出生即见刀剑

——李靖之剑

——父亲之剑

——征战之剑

杀子？

灭子？

杀妖？

除妖？

父子相仇相杀也便登场

之后

为避暑热

哪吒"脱了衣裳，坐在石上，把七尺混天绫放在水中，蘸水洗澡"

继而杀夜叉、抽龙筋、虐龙王……

再为阻四海龙王寻仇伤及父母

而"右手提剑，
先去一臂膊，
后自剖其腹。
剜肠剔骨，
散了七魄三魂，
一命归泉"
因其是"宝贝化现，借了精血"
所以"剖腹、剜肠、剔骨肉，还于父母"了却借道成人的情债
乃至莲花化身以及追父寻仇报业
也只是道家为了历练姜子牙的先行官而设定的程序

《哪吒：魔童降世》
是当今的饺子重装的馅儿
肉球出生没有变
但从天生的灵珠转世增加了一个魔丸的孪生对头
天生敌对的三太子转换了身形善恶同体
他俩的纯粹敌对变成了亦敌亦友没有那么分裂、没有那么纯粹的纠葛
申公豹提前面世干预了哪吒出世
而厌恶管制与压抑的导演
竟直接把活在民众心中数百年的李靖夫妇直接"杀死"
换成一对理想化的父母
李靖善意说谎改魔丸为灵珠改天换命救哪吒
殷夫人变身职业女性仍旧可以努力做个"足够好的妈妈"
饺子完成了象征性的弑父
也再造了一个温润有度、学过心理学的、人格完整的父亲
把许仲琳版的哪吒母亲打入冷宫

重新生出一个新职业身份下的完美母亲

究竟谁才是哪吒的父母？
李靖夫妇？
元始天尊？
太乙真人？
也许都是
也许都不是
他们既是传说
又是作者投射出来的形象
而细节
也无非是作者极其宏大想象力的呈现
也许是哪吒与天界轮回至二十一世纪之后的另一个平行宇宙
也许是几百年来集体无意识的动荡借助饺子的脑袋涌现出来

太想自由了
便想
我命由我不由天
"我"呢？
不知我，哪里有命？
不知命，哪里有我？
不知天，哪里有我？
不知我，哪里有天？

"我"
第一人称代词

一个"丿",一个"找"
——寻寻觅觅茫然无见的主儿
托生为人
也就是要寻个来处,觅个出处
而"寻"
是要侧目使用那个"方寸"之地
"觅"
则是要"见"那个"我"
而那个能"见"的本性
才是真正的"我"

"我"
左边一个"手"
右边一个"戈"
——手持兵器无非伤人无非自卫矛盾斗争充斥
无论人际的冲突
内心的矛盾
还是国家的战争
都是一"手"操"戈"左冲右突一顿乱砍
要么是变化了形态的纠缠
要么是未分化功能的较量
要么是生死恐惧的外化
——杀死与控制外在的威胁好似消灭了内在的恐惧
——幻想与妄想会偶尔帮助人们获得埋头鸵鸟的安全感

"我"
"手"为反"戈"
"戈"为反"手"
反者"返"也
反者
道之动也
由手而返
由戈而返
返回哪里？
是真正的思维处

知道那个思维处
见到那个"能见"的
变化那个反"戈"为手
——无非是那个心灵伸出的触角
挥"戈"断去那个向外胡乱找寻的触角之手
返回内心
回光返照
即是"见""我"

知道了"我"
即知道了"命"——合于"卩"
借用孔子"六十耳顺"的话
命就是与耳、与眼、与鼻、与触、与思维相合
知此即是知命

不知即是抗命

抗命即是耳不听心、目不观心、行动不由心

整天胡想八想心思停不下来

在幻想处

即是投射

是投射

即是非心

所以

知了"我"

知了"命"

——认识了命、接受了命，就是认命

认命之后是修命、改命、造命

最后便是"我命由我不由天"

早了

或者省了哪一个环节

便是妄想

徒增轮回之苦

认了命

也就认识了"天"

——就认识了你出生之前的一切成形或形成的资源、范式、程序与

运行规则及其情境关系

连同它们继之而后的发展规律与特性

既是时间

也包括空间

更包括一切元素的存在与关系

所谓道法自然

便要知晓自然之性

由天

为天所主宰

或许那是一个过度认同

认同了外界的强大与自我的弱小

失却了"我"的主观能动性

不由天

是狭隘心灵世界无法容纳完整世界

也是焦虑心灵无法链接局限之外的世界

是自我与超我画地为牢的"杰作"

所以

由不由天

都在心外

要想不由天

你得彻底了解"天"是个什么东西

否则

做个不知天高地厚的

由你

也由不得你

人类内心的诸神之战

要读懂弗洛伊德的俄狄浦斯情结，需要了解希腊神话故事的寓意。

今天又看了一遍改编自希腊神话故事的电影《诸神之战》，讲的是人类与诸神产生之前留下了一个祸患：智慧迷失、自我迷失而分化成三界：神界、人界和冥界。神界掌管三界，冥界掌管死亡与仇恨，人类在匍匐神界、恐惧冥界与如何自处之间徘徊。如果对应人的话，大概可以作这样的归类：神界是人的精神世界，人界是忽而为神——智慧常生、忽而为人——六欲横行、忽而为魔——毁灭杀伐的无常状态，而冥界则是人类死本能的本我滋生地，或者是性本恶的来源之地，存储了生命有始以来的仇恨、毁灭、恐惧等一切黑暗。

宙斯

众神之王宙斯是古希腊神话的最高天神，他是克洛诺斯和瑞亚最小的儿子。在母亲瑞亚的支持下，杀了父亲克洛诺斯，成为第三代神王。性格极为好色，常背着妻子赫拉与其他女神和凡人私会，生下私生子无数。

这个最高天神"在母亲的支持下，杀死了父亲克洛诺斯，成为第三代神王"，不知道这算不算是弑父娶母的榜样，只是见到了他"弑父"没有见到他"娶母"，也许是不能与母亲完成真正的融合而选择了与其他女神和凡人私会，把对母亲的私欲——弗洛伊德会说是性欲——投射到其他女性身上。这当然是一个不稳定的性关系、不稳定的亲密关系，因为他担心母亲怂恿自己杀父的悲剧在自己身上重演——万一跟自己好过的女人也怂恿自己的儿子杀死自己……想想他都会觉得恐惧，自己敢于杀死自己的父亲，谁敢说自己的儿子不会这么干呢？也许弗洛伊德临死前写给阿德勒的信中说自己"饱受俄狄浦斯之苦"颇有宙斯的这种恐惧吧。宙斯不敢跟任何一位女性保持长期稳定的关系，而女性如母亲的这般魅力、敢与男性抗衡又拥有果敢杀伐之力既让宙斯欣赏、佩服，又恐惧担心会报应在自己的身上，可是那个恐惧又如影随形、不离不弃地紧紧跟随，这个不可控的恐惧又会激活宙斯想一见究竟、到底为谁的好奇与竞争之心。于是他反复缠绵于不同的女人之间，当然也生子不断，这似乎是不断地验证——或者说是求证那个"小乌龟"的投射性认同——在等待那个杀死自己的儿子出生，只是在宙斯身上不是投射性认同，而是投射性认同与内射性认同同时存在和发生。

这个宙斯拥有护爱人类、转化黑暗的智慧与光明，却也会因为欲望而迷失成为执迷不悟、自以为是的小聪明而被黑暗所利用，而且这个并不彻底的光明和智慧天生就有一个如影随形的兄弟——代表黑暗的冥王哈迪斯。恰如《杂阿含经》所说："此有故彼有，此起故彼起。"光明与黑暗同时存在，相伴而生。

哈迪斯

在这个影片中，宙斯将其兄弟哈迪斯打入冥界，却被哈迪斯算计，先是被自己的虚荣心——以为人类需要他的仁慈与护爱而所蒙蔽，他说"人类需要我的慈爱"，而诸神知道是宙斯需要人类的爱。哈迪斯利用了宙斯需要人类的爱与对人类的仁慈之心，在人类与宙斯之间制造并利用了他们之间的矛盾——他选择了阿戈斯，用阿戈斯国王卡利波斯的反抗来激怒宙斯降下惩罚之旨——释放自己豢养的克拉肯北海怪兽惩罚人类，并借用这个惩罚来消灭宙斯的神力，满足自己成为新霸主的阴谋。

这个阴谋之所以可以得逞，是因为阿戈斯国王卡利波斯不满诸神的统治与惩罚带兵士反抗天神的统治——就像三岁的孩童要对抗父亲一样——将宙斯的神像推倒毁坏而激怒宙斯，好色的宙斯没有惩罚阿戈斯整个国家的人民，而是选择性地采用了羞辱卡利波斯的方式——变身为卡利波斯与其妻子发生关系。恼羞成怒的卡利波斯把王妃和肚子里的孩子扔到海里以示对宙斯的抗议与惩罚，而他的抗议和愤怒却使自己被惩罚变成了怪物，这个怪物成了冥王哈迪斯消灭人类、对抗宙斯的杀手——被仇恨所控制的怪物。这个怪物因为被杀而与黑暗的力量一同消失——死亡的时候恐惧与黑暗一起结束，而那个叫作"回光返照"或者"人之将死，其言也善"的结尾还是给了他一个刹那的清醒——他留给世间的最后一句话是说给珀尔修斯的"别像他们（反复无常的诸神）一样"，算是解脱吧。

哈迪斯作为冥界的首领储藏了人类无意识中的所有黑暗能量：死亡、恐惧、仇恨、阴谋、斗争和毁灭，它与光明和智慧分别处在人类的底层与上空，它无时无刻、千方百计地要消灭光明智慧而占据人类心灵的空间，利用人类的恐惧而统治人类，利用人类对诸神的不满而试图统治神界。

宙斯与哈迪斯，一个代表光明，一个代表黑暗，他们随时出现在人类的生命之中。要么是光明智慧指引，要么是黑暗侵蚀，而拥有什么则完全取决于人类的选择，因为黑暗不会被消灭，它与光明同在。有如弗洛伊德的人格结构：超我、自我与本我，谁说了算，取决于自我功能的强弱。

珀尔修斯

珀尔修斯就是宙斯惩罚阿戈斯国王卡利波斯与王妃发生关系的结果，成为一个有着天神与人类共同血缘的半神半人——他的出生源于愤怒与惩罚，必将反抗这个并非光明的来历。他经历了被抛弃、被救护、被收养的过程，也经历了被黑暗剥夺亲人的痛苦。虽有神明之力，但在完全认同自己这个半神身份之前却也无法改变养父母与妹妹被冥王哈迪斯夺走生命的悲惨命运。作为被人类收养且拥有人类血统的珀尔修斯，经历了失去亲人的痛苦之后，又目睹了人类被哈迪斯惩罚即将化为地狱的危险时刻，承担起了拯救人类命运的救世主，带领一批勇敢之士奔赴地狱，在哈迪斯将人类世界变成地狱之前打败他。

初期的珀尔修斯，耻于自己半神的血统——其实是耻于自己作为惩罚的工具而出生的身份，悲愤而固执地用人类的身份去拼杀，结果使得同伴伤亡，也差点赔上自己的性命。在性命攸关——差点被因仇恨变成怪物的卡利波斯杀死之际，接受了自己半神的身份——以接受父亲赐给的光明之剑的方式，杀死了被冥王哈迪斯控制——其实是被自大、对抗、愤怒、仇恨与羞耻控制的卡利波斯，用神的身份彻底惩罚了他，终结了宙斯对他的并不公正的惩罚，也终结了黑暗之王哈迪斯对他的控制。

杀死怪物——被愤怒与仇恨控制会使人失去拥有智慧的能力而变成怪物——卡利波斯之前，珀尔修斯经历了几场战争：

以人类身份对战毒蝎到与木人灵怪的首领谢克·苏利曼（Sheikh Suleiman）合作而战胜毒蝎，提示了人类不要自以为是地拒绝来自大自然的神秘力量，和解与合作才是取胜与发展的出路。

接受宙斯的金币买通冥界河神——交通部长吧，有钱能使鬼推磨在西方也是行得通的。在黑暗之处，人类不必故作高洁，"过得去"才是真理，而不是被"纯洁""高尚"或"正确"绑架。

绞杀美杜莎是这个故事中至关重要的环节，其难度在于没有人或神能够逃得脱美杜莎的一眼：带有嫉妒、诅咒与愤怒的攻击的目光。这个美丽得不知自己为谁的女神与雅典娜斗美失败而被诅咒，嫉妒、仇恨与愤怒使得她的头发变成了一条条蠕动的毒蛇——天知道她储存了多少的愤怒与攻击，而那双足以将人变成石头的双目投射出她对男人的仇恨和对女人美的嫉妒，或许将男人变成石头才不至于让自己动心而去争宠斗美，这也是她杀死自己内心被男人宠爱的欲念的见诸行动吧。当然，影片中通过爱俄之口交代的美杜莎不能伤害女性的信息，仿佛在暗示她仍然保留自己女性身份的认同而在无意识之中加以保护——透过雅典娜不让其伤害女性的诅咒的方式，当然也就取消了她伤害女神雅典娜的能力。绞杀她，珀尔修斯借用了铠甲的反光——有如镜像的作用，看到了美杜莎投射出来的身影，借身影杀死原身，呵呵，投射之处即是真身所在。而做到这一点，珀尔修斯接受了爱俄的指导——那个与他生命使命息息相关的非人非神的女性样貌的能量体，非人非神的她暗示了什么呢？

在希腊神话中，爱俄因为被宙斯所爱遭神界追逐——到底是与宙斯争夺女人呢还是验证魅力？或是借用争夺女性而竞争诸神王位？或是借助迫使宙斯放弃爱欲而平衡自己不能得到女神眷顾的羞耻感？再或是那个非神非人的无立场的无我状态更加让诸神恐惧——如果是的话，诸神也不过是人类的变身而已，总想抓住点什么。

爱俄没有被神界抓到，她在普罗米修斯——智慧的代名词亦是荣格心理学中的智慧老人的原型意象——的指引下逃脱，最终成为埃及的女神伊西丝。电影中的爱俄在珀尔修斯冒险征途上指引她踏上征途，扫除魔障。她非人非神，或许是一个无我的状态，随心所欲，率心而行，因为她非人非神非你非我，所以可以死得，也可生得，当你无欲的时候，她便出现在你的生命之中——当珀尔修斯为了巩固安德鲁美达公主的善良统治安民利世而智慧勇敢地选择臣服的时候，爱俄便死而复生——以诸神之王宙斯的意愿的方式，诸神听从无心无我的召唤。

影片中最后的战争是珀尔修斯骑飞马赶到海怪克拉肯吃掉安德鲁美达公主之前，用美杜莎的头上的眼睛来杀死这只被冥王哈迪斯豢养的黑暗力量的聚合体。无论在光明世界还是暗黑世界，对女色的追逐好像是从来不可少的内容，那个佛教称之为"淫戒"的戒律对六道众生都生死相关——神界贪淫堕落、人类贪淫堕落、冥界贪淫堕落更深，而女人的嫉妒也是遍一切处——投射无处不在。

影片的诸神之战，正如人类内心的战争：光明处——意识之中，各种想法、念头、感受互争地盘，因为人类不能"允许"——没有空间让这些能量同时存在，恰是人类制造了这些内部想法、念头、情绪之间的斗争，因为你不允许它们各安天命，所以争取存在的空间与机会被那个虚假自我"看到"就显得格外重要，因为那个虚假自我的支撑是恐惧和虚无，被这个叫作"自我"的情结划江而治被人为地分离，打掉这个并不存在的"自我"，回归无我状态——佛家叫作空，一切则安。

黑暗处——个体无意识或者集体无意识，无论是被压抑的创伤还是处于集体无意识的能量，都在人类无意识深处按照自己的需要活动着，争取光明——被"自我"或者无我"照见"是这个能量群基本的原始的需要，所以与压抑对抗、伺机挤出黑暗地狱便是他们"真正活着"的目标，他们只是争取一个与光明同在的平等。

人类，如何平等地对待自己的意识与无意识，便是消弭战争的唯一出路——无论是生活还是内心。

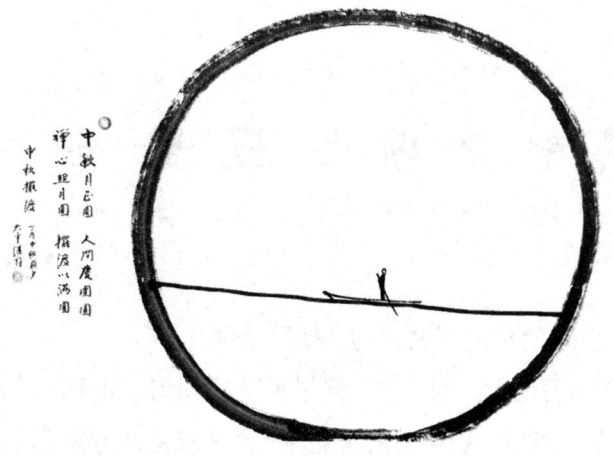

山僧驾舟

天地一玄关,内外一重关;

若离灵昧在,犹似造三千!

(画:太平继程;诗:作者;2017年10月16日)

圣

圣—聖—聖—聖—聖—聖—圣
商　西商　春秋　战国　小篆　汉　楷书　楷书

圣，在汉字简化前与繁体的"聖"是两个不同的字。"圣"读作 kū，本义是用手挖土。而"聖"最早见于甲骨文，其字形是人形上加耳或口，指听觉敏锐，引申指精通某种学问或技艺并有极高成就的人，又引申指神圣，也用于称颂与帝王有关的事物，圣贤是指在思想、精神方面通达的人。本文重点关注后者。

《说文解字》："圣（聖），通也。"《易经·乾》："圣人作而万物睹。"《尚书·周书·洪范》："睿作圣。"《传》："于事无不通谓之圣。"《风俗通》："闻声知情，故曰圣也。"《诗经·凯风》："母氏圣善。"韩愈《师说》："是故，圣愈圣，愚益愚。"诸葛亮《出师表》："诚宜开张圣听，以光先帝遗德。"《荀子·劝学》："积善成德，而神明自得，圣心备焉。"

《吕氏春秋·察今》说"天下七十一圣，其法皆不同"，《金刚经》说"一切贤圣，皆以无为法而有差别"。圣贤，无为境界，心地清净，智慧通达。用这个字来分析的话，亦可知晓无为境界：

聖，上左为耳，闻性通达，听闻宇宙太虚真实之音；上右为口，妙语莲花，言说宣讲宇宙太虚真实之语。耳入音声，口出慧语，中间并无一个"我"的存在，都没有意识的控制，也没有一个自己的想法或者欲望，此为无为境界。它既是圣贤之言教，也是圣哲之精神思想境界，也是君子人格修成者效法的榜样与目标。

更重要的，下方的"王"，原写为"壬"，为土上鞠躬的人，代表脚踏实地，恭敬承接圣哲宣讲、仿效圣哲言行。改成"壬"字之后，就多了"壬水"，多了"仁"与盛大的意义。

工－工－工－工－工－壬－王－壬
商　商　西周　春秋　春秋　战国　小篆　楷书

而其居于天干第九位的"最大"，以及其"妇女怀孕"的本义更是增加了生产生育、生生不息的象征。《淮南子·天文训》说"壬、癸、亥、子，水也"，《诗经·小雅·宾之初筵》说"百礼既至，有壬有林"，盛大的水势，且是阳水，遇阴水而合和，生化新生命、化育新事物。而且，"壬"为天干之阳水，或可指代精神、思想。

于是，这个"聖"便具有足够丰富的精神财富可供汲取，足为楷模：

无为境界，无我无他，口说耳闻，天道合和；

君子人格，智慧贤达，勤思力行，有慧可成。

贤

《说文解字》说"贤,多才",从其本义"管理财务的人"引申而来,为形声字。繁体字"賢"是指善于理财的人,后引申为有德行、有才能的人或善美、贤达的人。诸葛亮《出师表》:"亲贤臣,远小人。"《史记·陈涉世家》:"多闻其贤。"《颜氏家训》:"凡与人言……自叔父母以下,则加'贤'字。"《师说》:"师不必贤于弟子,弟子不必不如师""其贤不及孔子"。《史记》:"相如既归,赵王以为贤大夫。"

中国古代依人品分等类,《孔子家语》:"人有五仪,有庸人、有士人、有君子、有贤人、有圣人。"

什么是庸人呢?孔子说,庸人"心不存慎终之规,口不吐训格之言;不择贤以托其身,不力行以自定;见小暗大,而不知所务,从物如流,不知其所执"。这类人的特点是"心不存慎终之规,口不吐训格之言,不择贤以托其身,不力行以自定",用客体关系的观点来看,就是没有建立起内心的客体恒常性,也就是内心中没有稳定客体。无论是"慎终之规""训格之言",都是其早期认同的榜样和目标,遗憾的是没有形成很好的认同感,当然就不能完成向"贤者"的认同,就无贤可择,无法形成良好的自体表象,就无法"行以自定",也就是他的自体是散乱的,当然就只能见小暗大——目光短浅,重局部利益而无宏观整体格局,被物欲流弊所惑,终无所成。

什么是士人呢?孔子说,士人"心有所定,计有所守,虽不能尽道术之本,必有率也;虽不能备百善之美,必有处也。是故知不务多,必审其所知；言不务多，必审其所谓；行不务多，必审其所由。智既知之，言既道之，行既由之，则若性命之形骸之不可易也。富贵不足以益，贫贱不足以损。"士人，也就是内心有明确目标，行动有所依凭，会尽所知而行，富贵、贫贱不足以改其志，属于那种虽不能之吾亦向往之，自我完善的努力和动机明显，类似于有希望的成长中的人。

什么是君子呢？君子就是"言必忠信而心不怨，仁义在身而色无伐，思虑通明而辞不专；笃行信道，自强不息，油然若将可越，而终不可及"。君子就是人格健康、品德健全、言行稳定有担当，基本完成了分离－个体化的人，他们忠诚稳重可资信任，有平等心和助人美德，有诚于天道的信念，是成就了大我人格的人，或者说是建立了良好的自我－自性轴，开始了自性化的人，消除了私欲与自我中心。

贤人呢？"德不逾闲，行中规绳，言足以法于天下，而不伤于身，道足以化于百姓，而不伤于本；富则天下无宛财，施则天下不病贫"。贤人是了知天道而践行、心有自由不逾矩的堪为道德楷模的人，其德行可见，合乎礼法规矩，可为世人参照效法。

圣人的标准又是怎样的呢？"德合于天地，变通无方，穷万事之终始，协庶品之自然，敷其大道而遂成情性；明并日月，化行若神，下民不知其德，睹者不识其邻"。圣人意味着与天地合其德、与日月合其明、与四时合其序、与鬼神合其凶吉，其特点是在而不在，不在而在，无形无相，与普通人行住坐卧无异，而其内在却亮如白昼寂寥无痕。

如果说圣人是彻悟了天道的人，也是明了心见了性的人，洞悉天地宇宙自然规律，破除了生死流转的人。贤人就是知晓天地宇宙规律，大悟未开小悟不断，行住坐卧还有痕迹但不造作，尚需保任促其心性熟透结果。而君子则是有明确的修习目标和方法，建立了坚固的修道悟道信心，在家在社均可圆通无碍，注重精神思想的追求与生命的意义，担当道义与责任，往往是时代的中流砥柱。士人则是值得培护历练的苗子，多一些机会，多一些指导，会有比较好的成长，可算是精神超越的种子选手。值得心疼与惋惜的是庸人。较多的破坏社会规则，较多的占用社会资源，较多的缺少共情与反思能力，较多的深陷情绪困扰、情感旋涡且强迫性重复比较频繁，脑子不灵光，固执僵化甚至喜怒无常。

能够保持士人之心，成就君子人格，培养圣贤思想，是人类摆脱战争冲突、转化国际矛盾，建设大同社会的必由之路。

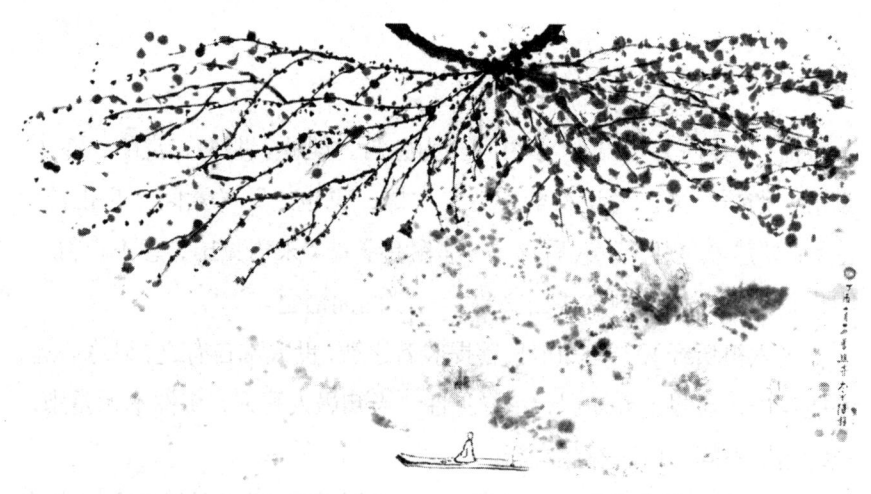

净

一连五六天，水墨仍相连；

不见文思在，横亘须弥山。

（画：太平继程；诗：作者；2017年12月16日）

悟

悟，为吾心，心吾。形声字。为感悟、理解、明白、觉醒、参悟、觉悟、彻悟等义。《说文解字》："悟，觉也。"《素问·八正神明论》："慧然独悟。"《后汉书·张酺传》："未悟见出，意不自得。"明代刘基《诚意伯刘文成公文集》："闻而悟之。"

《六祖坛经》："善知识！菩提般若之智，世人本自有之，只缘心迷，不能自悟，须假大善知识，示导见性。当知愚人智人，佛性本无差别，只缘迷悟不同，所以有愚有智。"

在"悟法传衣品"中，六祖说："善知识！我此法门，从一般若生八万四千智慧。何以故？为世人有八万四千尘劳。若无尘劳，智慧常现，不离自性，悟此法者，即是无念。无忆无著，不起诳妄，用自真如性，以智慧观照。于一切法，不取不舍，即是见性成佛道。"

对于悟与迷的关系，六祖又说："为一切众生自心迷悟不同。迷心外见，修行觅佛，未悟自性，即是小根；若开悟顿教，不能外修，但于自心常起正见，烦恼尘劳，常不能染，即是见性。"

铃木大拙认为："悟可以解释为对事物本性的一种直觉的察照，与分析或逻辑的了解完全相反。实际上，它是指我们习于二元思想的迷妄心一直不曾感觉到的一种意料不到的感觉角度去看整个环境的……唯有通过我们亲身对它的体验，才可以达到悟的境界。"

荣格说："顿（悟）是种难以言说的奥秘……它并非装神扮鬼，而是撞击参与者，使其言语道断的一种经验。悟之来临，浑若无觉，亦完全无从预期。"

看来，开悟是彻底解决"迷"的问题的根本办法，是一个通道，一个从普通迷人到觉悟自性人的必由之路。所以，能否从这个字中寻找一些见性的痕迹呢？

佛法核心是破除我执、法执，也就是认识到并没有一个恒常不变的"我"，也没有一个稳定不变的方法。"我"是一个欲望与各种"识"的结合体，断掉这个关系链，"我"也就没有了，定法也就消失了。而这个过程，需要先认识一个"我"——无论是本我、自我还是超我，都是"我的一部分"，借助这个概念或认识把整合的功能、辨识、判断、反思、觉察的功能练习清楚，然后再把"我"与事、"我"与人、"我"与情绪、"我"与思想、"我"与认识、"我"与感受等诸多存在进行分离，再把"我"的概念与心的功能本体分离，可能是一个理路。

好的，借助这个思路，我们就可以把"悟"拆分一下：

悟，左边是"心"，右侧为"吾"。只有心能悟，思维不能悟，所以悟不是靠想象与逻辑解析得到的，这就叫断除分别心，不用逻辑推理，放下逻辑判断，改用直觉，用心的四大功能——见、闻、觉、知。

断掉"我"。《庄子·齐物论》中有一句话描述了一种浑然忘我、心如死灰的至高境界——吾丧我，这个"吾"是失去了"我"的状态，是失去了小我、私欲的自我，而进入大我甚至是无我境界的一种状态，一个忘我的境界，没有了时空概念，没有了分别取舍。

心一境性。悟，五口一心，或许五+口就是眼耳鼻舌身意吧，那个口既是宣说又是味觉品尝，既是出口又是入口，既是伤人之口，也是救人之口，五口便组成了身心世界内通外达的六个渠道，这六个渠道用来采集内外信息，编制源源不断的现象学作品来迷惑心灵，而将心的功能本体与这六个渠道及其关系物断掉的话，心灵也就自由了。也就是那颗心——此心不是那个肉心，不是那颗心脏，不被六根的功能、不被六根的作用对象、不被六根与六根作用对象关系关联的结果所左右的时候，就开悟了，就自由了。也就是心不跟着任何一个渠道走，六个渠道是一道，都在不同角度、不同维度、不同侧面、不同深度体现着心的功能，当哪天可以六根互用时，就开悟解脱了。《六祖坛经·释功德净土第二》："外有五门，内有意门""自心地上觉性如来，放大光明。外照六门清净，能破六欲诸天"也即此意。

就是说，那心，进入到浑然无我、浑然忘我的境界的时候，便是踏上了自我觉醒之路。假以时日，设若方法得当，机缘成熟，开一个大悟，了一个生死，或许为期不远。

讲个熟人，孙悟空，基本上我们都认识。为什么叫"孙悟空"呢？

猢狲，这是菩提老祖的说法，悟空也是一只猴子，受了天地日月之精华化生为猴。石猴，没心的主儿，未开化的猴子。

菩提老祖的"专长"是什么？悟空第一，释迦牟尼佛的十大弟子，解空第一。什么是解空？佛法讲空性，悟透佛法就是悟出空性，透了这个就算真正明白佛法了，明白佛法了就是悟透了空性。他是解空第一，般若智慧产生了，所以他被称作慧命须菩提。

他的工作对象是什么？因为他被称作慧命须菩提，就是明白了佛心，打开了佛智，开了大悟了，所以知道他的工作对象是佛心，是心。这样我们就知道了，解空第一的慧命须菩提，教学的核心功课一定是悟空——悟那个空性。所以我们也就知道了，他的真正工作不是教书，不是教徒弟，而是佛心，是悟入佛心。所以无论是什么悟空，核心的对象仍然是心。如此，我们知道那个猴子的真实身份是心，是借猴子的形体与心性来象征。

因为有了天地日月之精华，有了个心，有了意识，有了想长生不老的妄想，有了想上天入地的幻想，猴子便有了学本事的欲望，也就有了学本事的动机和行动。于是，求师访祖。

学了东西怎么样？好显摆，好炫耀——其实是需要认同，需要被认为自己是个有本事的人，为什么？怕死，死亡恐惧，原来自己认为自己无能——与生死本身无能为力，所以需要通过"有本事"来对抗那个无能，解决那个死本能，显摆也是相对于那个无能的。这个好显摆是欲望驱动的自我，是防御的低级阶段，而不是真我，被妄想所驱动。所以被菩提老祖开除了，开除了什么？开除了想显摆、想被认同的那个幻想。

这个猴子的本事是什么？一个筋斗云十万八千里。云是什么？水汽，是从水上升到大气层后的产物，变化万千，随时变化，随时无常。云也是说，张口即了，音声不再。所以，一个筋斗云，变化万千的无形无状，一会儿这样，一会儿那样。十万八千里是多少？就是远得离谱呀。一个筋斗云十万八千里，就是一个念头，一个念头就不知道跑哪里去了。那是什么？是心，是人的心。人的心，一个心念，就十万八千里，没有边界，没个谱儿。

悟空怎样？一路上降妖伏魔，降伏——收服而不是斩杀，使折服而不是消灭。妖魔是什么？欲望，每个欲望就是一个妖魔，就是一个不归服心灵的幻想或情结。而这个过程，靠自力，也靠他力。靠自力，七十二变，有限的本事，有限的能力，有限的方法和技能，因为是后天习得的，而不是与生俱足的。后天的，就是靠意识心有意识学习得到的；与生俱足的，就是潜藏在生命本身的，需要被发现的，而不是创造的。直到他被封为——被印可，被认证、被确认，之后成为佛，成为斗战胜佛，才打开一只胡想乱想的如猴子般的心智心性，那只猴子，那颗心，才成为佛——圆满俱足的佛，才回到心灵本身，那个佛，就是圆满的心性。成佛，就是回归圆满的心性。

那悟空这一路是怎样修来的呢？从开始你死我活、有你没我、有我没你的分裂杀死妖怪白骨精，到义结金兰牛魔王结盟入世，再到有所舍得降伏红孩子儿、铁扇公主，穿越情色名利，再到整合资源锁定取经大业。从降妖伏魔到会斗遇到贪恋堕落妖化的修行者。一路上遇到困难越来越大，一路上遇到距离心性越近的修行障碍，悟空越来越知道简单直接地在佛菩萨处寻得指点或帮助，越来越能够在精微细节之处发力。什么是向佛菩萨处寻得指点？就是向觉处，向"觉"的这个能力、功夫之处，这个时候的悟空已经不是靠力量来取胜的，越来越倾向于用智慧，趋向于简单、直接——简择地解决问题。简择，即是智慧，最简单的选择，就是在起心动念处下手。也就是后来的悟空越来越依靠先天的智慧，而不再是后天习得的知识、技能和功夫，这就是悟空悟入佛之知见的路程。

　　简择之后呢？余事交由相关人等去处理，放得下过去的怨恨，放得下既往的因缘，心无挂碍。悟空的心越来越专注，越来越简单，越来越清净，越来越宽容。晾经卷之后"凡事自有定数"的结论出自悟空之口，说明他已经悟入了佛之知见，降伏了自身本心的妖魔鬼怪——念头。

　　与师父三藏法师同期成佛，即是心不离身、身不离心、身心一体，即身成佛。成佛不在心外，不在身外；开悟不在心外，不在身外。六祖说"离世觅菩提，犹如寻兔角"，或许这个身就是心的"世"，就是心的"界"，超越身心世界，不离身心世界，或许就算是开悟了吧？！

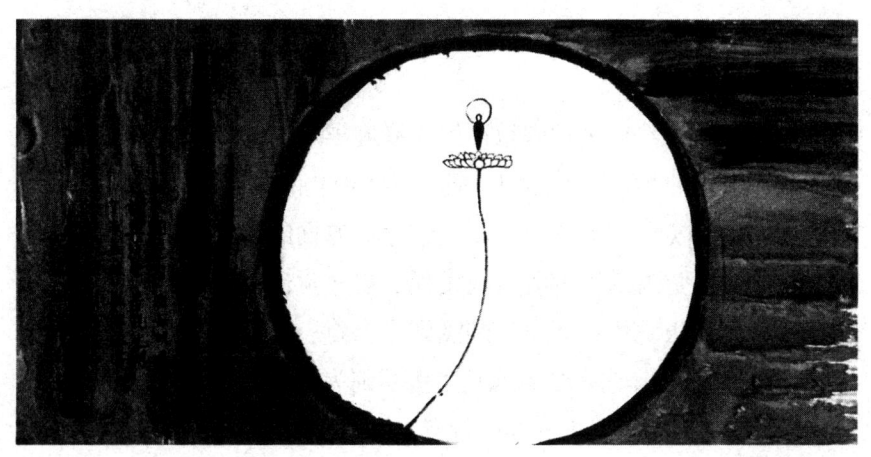

孤僧驾舟

中秋圆月挂天心,菩提智慧烁古今;

稽首遥祝吉祥至,平安有道慰情深!

(画:太平继程;诗:作者;2017年10月4日)

佛

佛，梵语佛陀，是对佛教创始人释迦牟尼佛的简称，也是对修行圆满的人的一种尊称。《后汉书·西域传》记载："西方有神，名曰佛。"佛的意思是"觉""觉者"，而觉包含三方面的内容：自觉、觉他、觉行圆满。自觉可以理解为自我发现、自我觉悟，觉他可以理解为普度众生、令他人觉悟，而觉行圆满则是自觉一切所觉、应觉，当觉，无不觉，无不令觉，将一切有缘众生度尽则为圆满，在成佛路上有凡夫、缘觉声闻、菩萨等各种境界的修行者，凡夫不知不觉，所以轮回六道，苦不堪言；缘觉、声闻有知有觉，但是只有自觉，并无觉他，没有利益他人，成就的是小乘自了汉的成果，并不究竟；而菩萨不仅自我觉悟、精进修行，还自度度人，发圆满菩提心，行六度菩萨行，难行能行，只是众生尚未度尽，觉行尚未圆满。

换个角度说，只管自己，好到极致也只是"自扫门前雪"，不管他人瓦上霜。身边环境不考虑改造，迟早会被淹没，而佛菩萨所代表的这颗心不受污染而常保清净自由的办法是自和环境一起改造，彻底改造，全方位地改，不留死解。

《六祖坛经》对佛、佛性有诸多宣讲，试举几处：一、迷人念佛，求生于彼土，悟人自净其心。二、佛言："随所住处恒安乐"。三、使君心地但无不善，西方此去不遥；若怀不善之心，念佛往生难到。四、佛向性中求，莫向身外求。五、自性迷即众生，自性觉即是佛。六、不修即凡，一念修行，自身等佛。善知识，凡夫即佛，烦恼即菩提。前念迷即是凡夫，后念悟即佛。七、为是二法，不是佛法。佛法是不二之法。八、法师讲《涅槃经》，经明见佛性是佛法不二之法。九、佛性非常非无常……佛性非善非非善。十、本性是佛，离性别无佛。

如此说来，佛即心，心即佛，即本性，即是不二法。识得本性也就识得佛了，见得本性也就见性成佛了。那么本性是什么呢？怎样才能见得本性呢？世人妙性本空，无有一法可得。自性真空，亦复如是。愚人智人，佛性本无差别，只缘迷悟不同。于是，见性之路有一个办法：觉，觉就是见性的方法和过程。

觉（覺），领悟、明白、启发、使人觉悟。觉字可以拆分为三个部分：上部，也就是外部，是双手持爻的过程，既可以认为是占卜，也可理解为探索的过程，其目的是下面的"见"，看见的见，见性的见，而"见"本身既是动词见的过程，也即被见的见性——能见的那个本性，它既是见者，也是能见可见的工具，还是被见的对象，同时这个见性又被称作空性、佛性，其实是一个无常而缘起的本性，它破掉的是联系或关系本身的固着，既破掉分别对待的二分法，也破掉被固定对待的一体恒常见。

佛为大觉者，或者为圆满觉者。大，无外曰大，是觉性无边，所觉无边，不可限量，不可计数，不可思议，不可复制，不可再生。这个无边是活的，是动态的，是灵动的，是生机盎然的，没有完成时，也没有不完成时。圆满觉，那个觉是饱满的、即刻的，觉性是充分的，觉的过程与深度乃至方法是周延的、圆融的、适切的，是觉其所觉，不丢不落，不增不减，不垢不净，是以圆满。

觉，醒觉，觉本身没有觉者，没有被觉者，只是觉的过程，流动无滞的过程，甚至这个过程也是人为把过去的印迹作了一个现象学的链接，生生地连在了一起，它不是觉本身。

所以，《金刚经》说："若人言如来有所说法即为谤佛，不能解我所说故。"说即不是，不说亦不是，无是无不是。

佛曰："不可说。"

佛，无说。无无说。

佛心

生佛本无别，一心生万想；

累生无出路，不肯绝欲望。

（画：太平继程；诗：作者；2019 年 9 月 22 日）

心

甲骨文　金文　小篆　楷体

心的本义是人类或鸟兽的心脏,文字始见于甲骨文。中国古人认为心是思维的器官——心之官则思,认为感情、思想也是心的功能,进而引申出心具有中心、中间、中央等意思。《素问·痿论》说"心主身之血脉",讲的是心脏;《诗经·小雅·巧言》说"他人有心,予忖度之",《孟子·告子上》说"心之官则思",讲心的情感、思维、心理等功能;而《周易·复卦》里"复其见天地之心",则讲其"心地"之功能;陆九渊的《杂说》里谈到"宇宙便是吾心,吾心即是宇宙",把心作为与物相对的唯心主义的世界本体,而佛教则把一切精神现象视为"心",有"三界唯心"之说,如"心、意、识体一"。

《说文解字》说:"人心,土藏,在身之中。象形。博士说以为火藏。凡心之属皆从心。"清代饶炯《部首订》:"古《尚书》说为土藏者,五行土位于中,举五藏之部位言也。"徐灏《说文段注笺》引《五经异义》:"古(文)《尚书》说:脾,木也;肺,火也;心,土也;肝,金也;肾,水也。"佛教说心有"能生"之意,也是基于心生万物,像大地生长万物一样的品性。心地善良、心怀不善也都是在讲这个意思,善与不善、好与不好、丑与不丑都是从心里生出来的评判,需要研究和断掉的,是那个机制,一物入心,是如何生起了那个评价,那个评价又是怎样生起进而影响心的功能与情绪和感受的。破掉那个机制，阻断那个连接，就是让心灵不再受控于那个机制，不再受控于评价、创伤、情结，也包括不受控于理想、成就、自由，等等，那个样貌就有点真自由的意思了。

《荀子·解蔽篇》："心者，形之君也，而神明之主也。"《大学疏》："总包万虑谓之心。"《易经·复》："复其见天地之心乎注：天地以本为心"，《正义》曰："言天地寂然不动，是以本为心者也"。《礼器》："如松柏之有心也。"松柏得气之本，而"巡四时，柯叶无凋改也，心谓本也"。《诗序》："情动于中"，《正义》曰："中谓中心。凡言中央曰心"，北宋邵雍《清夜吟》："月到天心处"，《史记·天官书》："心为明堂"。

中国古代文化可谓是对心的研究达到了无所不包、无所不含、无所不在的程度了，或许是因为一切不离心，离心无一切之故吧。所以造了数百个心字旁的汉字，而每一个心字旁的汉字都描述呈现了一种跟心理活动相关的样态。

比如，思，现在讲可以是"心是一块田，种什么长什么，怎么种怎么长"，这是一种班杜拉的学习理论，是讲思虑、怀想、思念、哀愁等意思，是从心里长出来的，也是学来的。那如果把"思"字上面的田换成金文和小篆上部的"囟"呢？就拥有了一个无我的境界或指引——囟门，是小孩子头骨没有完全长全、未闭合的地方，这个地方是做什么的呢？有的说就是出生时顺出产道方便，乃是大自然造化之物。也有人说，囟门是一个人出生后仍然能够保持跟上天沟通的渠道，可以接收上天神灵的信息，是跟无意识保持联络的途径，一学习，一入世，有了人的意识，这个功能就失去了，而有了这个"人"的意识、断了神灵的联络的标志是什么呢？就是囟门闭合了，关闭了先天之气与人的联络，完全进入人世间的后天世界。思的意思就是提醒我们要用我们刚刚出生时到囟门闭合前的状态，来思考，来思虑，不是用自我的思维，而是用神祈、无我的状态来思考，这样获得的结果就是超越自我能力的，对事件、前途、命运的指示就更符合大自然的本意。

比如，想，回忆、怀想、动脑筋。这个说法也只是说到想的功能一角，再往深里说是什么？是心上之相——眼目那个能看的功能与所看的物件合作形成了图像记忆。脑子或者心思灵光的随时知道那个想都是在与过去已经逝去的刹那之间形成的像，以及这个像所浓缩了环境、人物、关系、情感、行动、情境等诸多的聚合物的按钮而已。犹如情结，曾经的创伤或许已经逃出了意识之外另立山头隐没在高山水湖之内，但其在内心形成的创伤记忆仍然存在——以看起来不存在、解决了的相掩盖之下存在着，只等一个和曾经创伤情境之内元素相通的某个信息传递过来之后，"蓝牙"启动，引爆……而解决之道，便是把那个创伤之相细化辨析拆解，还原出"相"的组成元素，转化一个元素，这个"相"便不再是创伤本身了。转化一系列元素，那个创伤的"相"便会生成一个新物件——转世投胎而去。

如此，恭敬所表达关系之共性，羡慕所呈现的内心之自我否定，忏的认错与悔的改过，连同惭愧惶惶恍惚的惺惺作态以及愤怒感恩恻隐忐忑，无不在精细地描写心灵的众生相，或许"字里禅心"的第二本，便应当是"心灵的精妙"了，每一个心旁部首的纤细精微，或可体会察看一番。

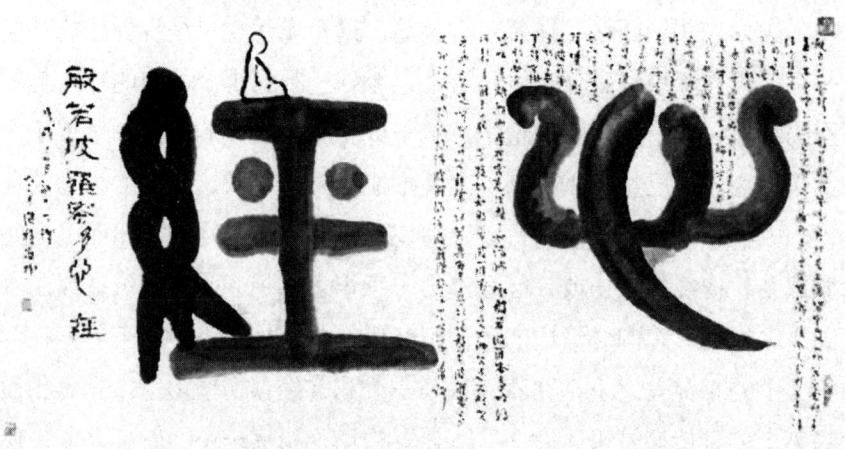

心经

心经要经心,经心才见心;

见心经常见,心见见常心!

(书:太平继程;诗:作者;2018年5月15日)

终南既济卦　布施集善因
梦相须顺射　菩提觉苦根

终南

昨晚，有幸被天布教授横灌了三种好酒、品尝了数种西安美食之后，带着对大唐盛世的微煦幻想，被"终南山庄"的周红霞、王雪君诸君邀请到了"终南心理"做客。同行的还有讲了一天伦理大课的孟莉教授与来自省内外的新交故朋。

"终南心理"不大，但很精致，很细致，属于高楼之内的静谧之所。一入门便是天布教授手书的"终南心理"的LOGO，这一笔便把他和"终南"的情缘勾画在了迎客屏上，而屏风背后则是一幅颇含仙骨道风的禅味写意。这一明一暗，似乎在宣说着入得终南终得仙缘道境的意涵，这"入得终南寻道境"深深地透过了十厘米厚的屏风，刻在来此终南求道者心中。你怎敢说这不是"入终南，见道风"的寓意呢？

而天布手书"终南心理"居门首迎客，你安可讲不是天布在招呼"揭谛揭谛波罗揭谛波罗僧揭谛"的菩提心咒？那厅内的长条几又何尝不是安坐本心的禅床？或者他本就是终南心理的护法，借着文化与心理治疗学组组长的身份，也借着终南山为仙山道祖修炼的气场，将古与今，佛心与道心并与当今的理心。过去与未来，本就是当下这一念，除去了当下，哪里还有什么过去和未来？

终南心理的咨询室都不大，每间十平方米的样子，有点像终南山修道者建造的居室或山洞，仅容一两个人的地方；而最大的团体室也不过是容纳十人的小房间，似乎是"小不过一身心、大不过十方圆满"的意境。

不过，除了可容纳三十余人的大客厅之外，终南心理最大的地方是厨房，制造吃物的地方，能吃的才能干，有吃的才有劲，才能维护这修道的色身拖将下去。在吃货满天飞的现代俗世，连那修行人也须入世品味个中滋味。"入得尘中尘，才见得天外天"。想那弥勒老佛爷，最令人瞩目的不就是那"能容天下难容之事"的大肚吗？而那大肚，或许就是那造化之地。

酒酣耳热之际，借天时地利，索性采访采访周庄主，"勒索"一下天布，顺便疗愈一下离乡复归的孟莉教授……内容嘛，还是等终南心理的帅哥美女们根据录音整理出来再分享吧。不过可以透露的是，这个随机的采访，水平不亚于央视，因为三言两语就将几位被采访人拉入数十年对心灵的沉思之中，既是一个整理，也是一个探索，更是一次升华。

问道"终南"的来历，这位终南护法与庄主便讲终南的文化、历史意义以及与当今心理咨询与治疗的机缘和思考，使命与荣誉，责任与担当，就在这寥寥数语之中。不过，主家并没有再往深里讲，听者也许不便再往深里问：这"终南"是否另有玄机？

"问道青城山，拜水都江堰"，若言只道一个青城山可以问道那就错了，终南山、武当山都是仙家修炼之地，也是悟道成仙者在人间教化之地。只这终南山随便一个时代，便有千数的神仙菩萨居住，差的是我们不识神仙真面目。若有心寻禅问道来终南的话，不妨试着能不能碰到一个两个的神仙：一是你入了神仙门或者菩萨道，开了天眼；二是你的修行业已入道；三是你善根善缘俱佳，且有人度化；四是方法比较容易：寻一个秤来称一称那人，如果你的秤没有问题，称出来人的斤两为零者即是神仙或者开了悟的菩萨。据说，克服了地心引力的就是菩萨或者神仙了，而那地心引力的另一个名字叫作欲望。

站在"有文化"人的角度，随便撕巴几下就会发现古人的聪慧——这是天机，不该讲的。"天机不可泄露"，因为泄天机可能会使得道心不稳或者存心不良者机心大盛投机取巧，而给一个入道之门则是被允许的。我们试试看，下面的"天机"是会开启你的道心蒙发还是机心大动？

终南山，位于中国大陆南北板块碰撞拼合之地，据说是地质、地理、生态气候的南北分野之地，以秦岭为界，南北天成。所以，这既是终南，也是终北，更是终结南北、对立分歧合一于天下之义。那为什么这个地方为修道者首选呢？南北的交互，乃浑然天成，天心一动，冷热即生；凡心一动，人我分明；所以这也代表我与非我的交互，也是我执的生灭之地。是以，与天地合其德，与四时合其序，也是顺应天命吧。

"终南"，终止于南。"终于南"，南北相向，有南即有北，明里终南，暗藏有北。南为火，为太阳，为温暖，为光明。于此可知"终南"有止于光明的意思。再有，冬月为子月，子为水，而水为财，为思想、为智慧，终南含有子水和午火两个对立的元素，而且水克火——既可克制，又可管制，可驾驭，有如坐北朝南的面向，坐于智慧休养生息之地，朝向光明温暖圆融之乡。

若画作卦，"终南"则有子在前、火在后或者子在上、火在下的相，即是水火暨济、无事不备的含义，水性润泽，向下；火性干热，炎上。上者，下达；下者，上行，上下交互，动中生新有。有交流、有沟通、有交互，能量互通，即为"活"。而"活"之一字，便有了人与天合、人与地合、人与人合的寓意与生机。

所以，这"终南"还有一个"终了于南"的光明祈愿，那是一个生命的归属吧，或者是对未来信心的笃定，更何况那"南"本来就包含了"午马"奔驰于天下、离火光明于世界以及"相见乎离"的共时性发现。南所代表的离卦，也是先天的乾卦之位，既是火又是天，还是太阳，已经有"天火同人"之意；而离火的中空之相（上卦和下卦都是二阳夹一阴），也似乎暗示着中心的空性？或者只有把那心虚起来、柔起来，有了空间、离了具相，方可得个心性或者精神上的提升？

离卦本身所具有上离下离的重阳之相，阳了又阳，为阳之极。而阳之极，不可少水，先天的乾金居于亥水之地，接通了乾离之气，"天心"自成；"终"之一字，也有冬水居于其中，用显相的"冬"接通暗藏的乾水，内外合一。同时，离的先天之位在东方，在后天的震位，有动的意思，有动则有生气、有生机、有活力。或许围绕着一个"离"来精研"终之南"是这一系列思想与智慧的涌动？

终了，呵呵，终了……末了，"终了"是最后、是结束的意思吗？了即是终，终即是了，了了有何不了？

而"了太"呢？——突然想起天布的微信符号，是了了个什么呢？借着一路《催眠大师》电影的恍惚之间有醒：似乎有个什么"了"的时候，也并不足够的"了"。恰好要了的是那个"太"——至大无外，而又至小无内，无青黄赤白，亦无方圆大小……还是放下要"了"的那个心，虚掉那个"心"，也要放下那个被"了"的"太"才算是了了吧？或许，了去一切幻想，也了去一切想去了去的念，才算回到当下那个至大无外而又至小无内的圆满？而圆满也从来没有存在过，所以，将那个"了"也了了吧，真正的"了"方至实处，方可相见实相……

所以，"终南"二字所蕴含的文化智慧与意境不可小觑，有心者不妨仔细研读。如此，也叹服天布教授的慧眼，选择了一个贯通古今、连通四宇的字号来传播千年帝都文化，来传播心理咨询与治疗，惠泽民众。

不晓得天布教授或者红霞庄主舍不舍得多泄露些天机给四众，但他们运行的这个格局分明是这样的，要不怎么会从 2013 年到今天就拥有了 3 名督导师、32 名心理师、14 名助理心理师的团队呢？

盛世长安一日客，凡尘乡隅万里天。初见终南，也即有见。有见性，即见天心。

撰此小文感谢天布教授一行的招待与指引，期待再见终南。

既济

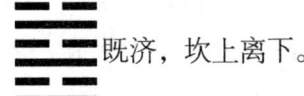既济,坎上离下。

《周易》:既济,亨小,利贞。初吉终乱。

《正义》:"亨小,利贞,初吉终乱。"孔颖达曰:济者,济渡之名;既者,皆尽之称。万事皆济,故以"既济"为名。既万事皆济,若小者不通,则有所未济,故曰"既济,亨小"也。小者尚亨,何况于大?则大小刚柔,各当其位,皆得其所。当此之时,非正不利,故曰"利贞"也。但人皆不能居安思危,慎终如始,故戒以今日。既济之初,虽获皆吉,若不进德修业至于终极,则危乱及之,故曰"初吉终乱"也。

《彖》曰:既济"亨",小者亨也。"利贞",刚柔正而位当也。"初吉",柔得中也。终止则乱,其道穷也。

《正义》曰:"物无不济,所以为吉""若能进修不止,则既济无终"。

《象》曰:"水在火上,既济;君子以思患而豫防之。"(存不忘亡,既济不忘未济也)

程传《序卦》:"有过物者必济,故受之以《既济》。"……水火相交,则为用矣。各当其用,故为《既济》,天下万事已济之时也。

智旭《周易禅解》:君子之于事也,恭以济傲,哀以济易,俭以济奢。凡事适得其中,则无不济者矣。无不济故亨。不惟在大,而亦及小,盖无所不亨者也。然安不忘危,存不忘亡,治不忘乱,乃万古之正理。

所以，既济是一个居安思危、守成进德的卦，是一个提醒。

在中国有一个地方，她的名字或许含有"既济"之意——终南。

终南山

终南山，位于中国南北大陆板块碰撞拼合之地，是地质、地理、生态、气候乃至人文的南北分野之地，以秦岭为界，南北天成。所以，这既是终南，也是终北，更是终结南北、对立分歧合一于天下之义。

"拜水都江堰，问道青城山"，理解的差别在于，是否局限于"字义"或名称，都是悟道者在人间教化之地。此地气候非常适宜修行。禅宗泰斗虚云老和尚便在此修行过。现在我们试着猜测一下"终南山"可能的喻义。

终，形声字，从糸，冬声，本义是终结、结束，《说文解字》："终，丝也"，意思是将丝线扎紧，象征结束。引申为极限、停止、尽头等义。《广雅》："终，极也；终，穷也。"

引申出终究、终身、永久等。《素问·六元正纪大论》："请陈其道，令终不灭，久而不易。"

终，《说文解字》：此字右边是"冬"，冬乃四季之尽头，故引申为"尽头"之意，而"冬"字下面的两点表示"冰"，上面部分则表示织线用完时的样子，和左边的糸字部相呼应，表示完结之意。

冬，从冰从夂（冬）。

《字文演变》：冬，本义是"终"，即一年结束的意思。冬季是四季之一。

冬月，农历十一月为"冬月"，又称辜月、畅月、后十月、仲冬，以一年十二月用十二地支来表示的话，又称"子月"或"建子"。

子，即水，阳水。

南，离卦，为火，为光明，为午马，为目。

相见乎离。

先天干卦所在方位，既有"火"味，又有"天"意。

于是，终南便成为子水与午火的关系。

水，为坎。☵

火，为离。☲

"终南"，终止于南。"终于南"，南北相向，有南即有北，明里终南，暗藏有北。南为火，为太阳，为温暖，为光明。于此可知"终南"有止于光明的意思。

再有，冬月为子月，子为水，而水为财，为思想，为智慧，终南含有子水和午火两个对立的元素，而且水克火——既可克制，又可管制，可驾驭，有如坐北朝南的面向，坐于智慧休养生息之地，朝向光明温暖圆融之乡。

若画作卦，"终南"所显现的相是子在前、火在后或者子在上、火在下，是水火既济、无事不备的意思，水性润泽，向下；火性干热，炎上。上者，下达；下者，上行；上下交互，动中生新有。有交流、有沟通、有交互，能量互通，即为"活"。而"活"之一字：其"水"是灵动的、流动、变化的，其"舌"是柔软、灵活的。所以"活"着"活"的才如此形象。如果失去了水的流动性和舌的柔性，生命也便成了行尸走肉，人也便成了植物人。于是有了人与天合、人与地合、人与人合的寓意与生机。

所以"终南"有"终了于南"的暗示，是精神和思想的指引。同时南是先天之乾位，是地支属相"午马"的位置，而"午马"奔驰于天下天上的飞腾寓意很明显。所以这个位置和卦象有"驰于骋天下之意，也有光明于世界"之意，还有"相见乎离"的见性指引，以及乾离马等多种寓意的混合之象。

南为离卦，是先天的乾位，既是火又是天，还是太阳，有"天火同人""火天大有"之意；而离火的中空之相（上卦和下卦都是二阳夹一阴），暗示着心的空性，或者只有把那心虚起来、柔起来，有了空间、离了具相，方可得个心性或者精神上的提升？

　　离卦有上离下离的重阳之相，阳了又阳，为阳之极。充之极而阳之极，不可少水，先天的乾金居于亥水之地，接通了乾离之气，"天心"自成；"终"之一字，也有冬水居于其中，用显相的"冬"接通暗藏的乾水，内外合一。

　　先天的离，在后天的震位，有震动流动运动的意思，有动则有生气，有生机、有活力、有交流、户枢不蠹、流水不腐，有动就有机会。或许围绕着这一个"离"来精研"终之南"是这一系列思想与智慧的涌动？

　　终南，是一个地理概念，更是一个暗藏了"既济"守诚于心的要诀和心法。

　　比终南更隐秘的，乃是"水火同源"之"立"。

　　宋朝张载《横渠语录》：为天地立心，为生民立命，为往圣继绝学，为万世开太平。

　　立，可理解为"六"+"一"，一个人立于"一"脚踏实地，算是站住了、立足了；也可理解为点加离，点为阴，离为火，阴阳变化而"离中虚"，也提醒中空之妙。

荣格与水火

　　据说，波林根塔楼，切近湖边的地方，是荣格"玩儿水"的地方。当他在写东西或有重大思考之时，一定会到湖边去玩儿水、玩儿沙，待内心的念头（火）消失或者平息下来，自然会有念头涌上来，于是荣格便记录下来……

　　回到水火同源之地，可以火驭水，也可以水驭火，还可水火既济。

相反，搞不好就是一个火水未济，不过那也是一个及时的提点罢了，并非"不好"。

机关，在心！

水，既可以是物质的水以及其流动润下，也可以是心灵的流动性、湿润性与灵活性，还可以是内在心性的灵动性。

火，既可以是物质的火与阳光温度，也可以是心灵的温度、爱的情怀与生命力。

所以，流动的念头就是那个水，温度情怀就是那个火，焦虑也是那个火。

水火既济，即是心灵的完整与圆融，更是无物不包与灵动在生命生活中的应用智慧。

水火既济，体用一如。

卦

卦是效法阴阳二仪、天地人三才而创造的占卜工具，是象征自然现象和人事变化的一套符号。

《说文解字》：筮也。《徐》曰：筮而画之，三变而成画，六画而成卦。

《玉篇》：八卦也，兆也。

《广韵》：八卦者，八方之卦也。乾、坎、艮、震、巽、离、坤、兑。

《周易·系辞》：四象生八卦。

《周易·说卦》：观变于阴阳而立卦。

《周礼·春官宗伯》大卜：掌三易之法，一曰"连山"，二曰"归藏"，三曰"周易"。其经卦皆八，其别皆六十有四。

《疏》：卦之为言挂也，挂万象于上也。

以上的文献只讲了两句话：卦就是悬挂在自然界的现象，是一种符号。

于是，自然现象与这个符号之间的关系及其呈现的内容与特点，就是卦的核心了。

卦者，挂也。悬挂，既然是悬挂的，就是下面无有支撑的。那无支撑的现象是怎样悬挂于上的呢？引力！彼此之间的引力。各种自然现象之间都存在彼此的影响力，尤其是星球之间，或者星辰之间，他们自转，同时有一个运行轨迹，围绕一个星球作有规则的运动，被称作公转。总之，他们之间有一套属于自己的星辰运转模式，因为都是悬挂没有依托的，所以彼此之间的影响力就格外重要，依其质量、大小、时间、速度等影响着彼此。而人作为地球上一分子，也必然会受到距离比较近的木金水火土月亮等星球的影响，这些影响表现为风雨雷电生克变化。

比如，太阳系里体积最大的行星木星，它的质量相当于地球的318倍，体积是地球的1321倍，它绕太阳公转周期约需11.86年。也就是说，木星绕太阳一圈，地球绕转11.86圈。这样它俩的关系就有一个符号标准：11.86倍。而地球自转一圈算一天，月球围绕地球转一圈算一个月。据此有了年月日的时间历法，划分了一年四季。据此类推其他星球与太阳、地球也有类似的关系。也就是说，地球转到哪一年哪一月哪一天，就对应着某个星球的远近，对应着季节变化，对应着受某星球远近距离影响的大小，对应着天时、地理、方位、星辰及其对人事的影响。

如此可知，木星距离地球近的时候，对地球上出生的人的影响要比木星远离地球时要大；木星比其他星球距离地球最近的时候，它对地球上的生命影响最大。如此，就有了木命、金命、水命、火命、土命之说，因为地球绕太阳60圈的时候，太阳系几大行星又归附到60年前的同一位置，古人根据这个变化以甲乙丙丁戊已庚辛壬癸来代表天时，叫十天干；用子丑寅卯辰巳午未申酉戌亥来代表地支变化，称为十二地支。而十天干与十二地支之间也会相互作用。十天干内部，或者十二地支内部，有形与有形、无形与无形、有形与无形之间也存在着相互的作用与影响。

这些相互作用分为生克或竞争。古人把这个关系用于人身上，便形成了六亲：生我者为父母，我生者为子孙，我克者为妻财，克我者为官鬼，与我相同者为兄弟。

如此说来，这些组成卦的因素就成了研究人与人、人与自然、人与事、人与时、人事成败之间关系的一套宏大的计算体系。

于是，人们把成卦的代表阴阳的上下六道，画线起个名字叫六爻，按其顺序从下向上定为事情发展的六个阶段，按其三才分别代表天地人，按其六爻变化又生出新的不同情况，以及内外等诸多关系因素。

成卦既有简卦，也有细卦，依其所测内容形成了卦的体系。于是，卦的体系就成了一个涵盖了天地宇宙人事成败的集体无意识。

在心理咨询与治疗大兴之际，荣格分析心理学以其与中国文化不可思议的因缘成为推动中国文化向世界普及的重要推手，不只是荣格与弗洛伊德分手后几近崩溃待见识《太乙金华宗旨》后而愈，就连传播《易经》给荣格的卫礼贤的中国之行，也充满传奇。

卫礼贤，一位德国的汉学家，终其一生57年的寿命中有20多年生活在中国，他翻译出版了《老子》《庄子》《列子》，以及《实用中国精神》《老子与道教》《中国的精神》《中国哲学》等著作，并且他在导师劳乃宣指导下于1924年完成《易经》的翻译，于1929年完成《太乙金华宗旨》的翻译。这两部著作直接影响到了荣格，影响到了分析心理学与中国文化的发展方向。

奇异的是，当他完成《易经》的翻译之后不久，他的中国老师劳乃宣过世，而他在将《易经》和《太乙金华宗旨》的翻译稿交给荣格之后不久的1930年过世。似乎他和他的老师都是为了完成《易经》的传承使命而存活于世间。对于他翻译的德文本《易经》，荣格评价："在西方，它是无与伦比的版本""他掌握《易经》原文的灵活思想，这就使他的《易经》版本在看法上具有一种深度，那是仅凭对中国哲学的学术知识不可企及的"。而对于卫礼贤本人，中国著名的新儒家代表之一的张君劢（1887—1969）在其《世界公民卫礼贤》一文中说："卫礼贤来到中国时，是一名神学家和传教士，他离开中国时却成为孔子的信徒""他曾对我说：令我感到欣慰的是，作为一介传教士，在中国我没有发展一个教徒"。

受这部《易经》的启发，荣格提出了分析心理学的重要理论——

创见"共时性原则",并将其作为分析心理学发展的基石。荣格说:"因为建立在共时性原则基础上的思维方式,在《易经》中表现得最为充分。"

如果说卦是用来表现《易经》思想的一种方式,它是悬挂于天上的现象,变易、简易和不易是其规律与原则,它教人学习道的变化规律。而意象,则可以称之为悬挂于心灵的现象,它有情绪情感、认识想法、记忆体验等诸多的"象",呈现在人的身体与心灵之中,它教人去学习心道心法,学习心灵的变异之术,体验道在心灵中的独特呈现。

易为入道之门,用之于人的心灵发现,也是近道的一种方法吧。

布施

周六，我应邀第二次做了"心经与心理治疗"的公益分享，也算是"禅心班"正式开始了第一期的工作。听说一上午就报名七十余人，有六七十岁的老修行，有刚出校门的大学生，甚至还有看起来高中生模样的年轻人，人员结构非常丰富，这既是佛学的感召，也是心理学的影响，形势很喜人。

《心经与心理治疗》是我不久前出版的一本小书，汇集了我从事心理咨询与治疗十余年的心得，融入了我学习传统文化尤其是佛学与儒学的体会。这部分的学习让我体会了丰富完满的人生是何滋味，对这些既高深又浅显的学问的体会，使得我对自我的认识达到了非常深入、非常真实的深度。

佛家常用一个词来形容有了深度体会和收获之后的感受——法喜充满，也就是智慧、灵光闪现时的心情，非常开心，就非常想与人分享，书就是伴随着这样的心理路程写下来的，借着边写边分享，以求获得更清晰的自我认识。

令我感动的是，我们当天分享了"布施"，认识到那个财布施、法布施或者无畏布施，是真正让施者得到大利益的方法：一是增加了金钱智慧的流动（因为流动生财），二是扩充了心量（心里容得下自己帮人，容得下向上敬师长，容得下向下慈悲），三是把教与学之间的经费问题转化了，一并转向共同的成长。这个方法很好。

周日下午，我约了替大家收取捐款的李老师，到真际禅林拜访明影法师，把款捐给庙里希望他们多传善法，让更多的人了解传统文化。

明影法师问我，大家是否相信我们收取的捐款会到庙里，以及为什么要捐到庙里，我的说法简单了一些，补充完整的话应该是这样的：我对心经与佛法的理解，深受许多法师、教授的指点，我讲课不收取课酬，大家也不用付费给我，这是我学习并实践布施，能够不取回报，而且在心里放得下付出与给予，那个收获是太大了——心无挂碍。大家能够体会到这些的话，捐给哪里都是可以的，何况我们以后的班，会面向不同的需要单位。

就像我们的手，需要伸出去，才能够感受到身体之外的丰富；又如我们的心，能够走出封闭的自我，向身外世界瞧一瞧，才能够了知大千世界的浩渺；还如那流动如潮的水，舀出一勺不见少，因为周边的水迅速地补充了过来。如果用我们自身来比喻的话，每个人都是一个成形的器物，那个器物不是盛着水，而是水样的形体，它无法自己增大，也无法自己变小，变化的方式只有引入外力：减少一点内存物，扩大一点内需，根据水往低处流的道理，就会有不同方向的水流动过来，那外来的水一冲，这个器物也就增大了。相反，如果那器物只是向内固守，那它无法享受到外力的帮助，内存将无法变大，只有等待热度上来蒸发掉那些水分，让自己成为干瘪的空馕袋。

所以，布施，其实是有得。

于人的心灵而言，布施绝对不要止于捐钱施物，分享本身也是一种布施：把喜悦分享给他人，喜悦便扩大了，人心里的喜悦就多了一些；把内心的苦恼布施给大地，心里的苦恼就少一些，心里的清凉就多一些。

把知识、智慧分享给别人，不求取回报，就是在布施，就是在修自己的"所得心"，那个交换的铁律是一种很深的分别心，以为"不要回报就是没有价值"是贬低了价值本身，"不要回报就是在培养别人的贪欲"只不过是缺少善巧方便的掩盖。圆满的布施，是把自己的想法、念头、知识、心得等有求的心布施出去，培养那种"心无挂碍"的心、自由的心、干净清爽的心。

舍不得布施，就是没有读懂这三个字：舍，人与舌头的关系，舌头的灵活与柔软，能动的舌头才是活人的舌头，不能动的舌头已经不再具有舌头的功能，拥有这种舌头的人也已经不再拥有能动的活的生命力。不，盖住那个不断膨胀的个体，盖住那个个体中心主义，让它生活在有边际的控制之下。得，于方寸间了知旦夕之行，于行动中了知旦夕变化的方寸之心。

布施，就是将所有给予出去，连个"我"也没有了。于是，太虚空寂。

集善因

本周的"周二·心茶"仍然借助《心经》来谈人说事、讲心议理。这"观""自"与"在"的不同状态亦对参与者极有裨益,而"空"与"无"也可作为生活常识来思考,且能扩大心胸与视野,极好!

本周还有一个极好的事情,一位 2004 年毕业的学员,用他的话说,"不远千里"来参加这个活动,只为"看一看老马到底在干吗",建议老马不要做那些虚头巴脑的事情,要塌下心来,讲些实实在在的东西。他也很真诚地表达了对我的失望。这是他七八年来第一次讲他对我的失望,想必失望了许久,实在憋不住了,就跑过来告诉我。而且,一见面发现我还是如此的没有长进,便更加的失望。

我很感谢他的真情与坦诚,我能够明白他对我的好,希望我越来越好、越来越好。这是他对我的希望,虽然是投射,但这是一个让我感觉没有压力的友好的投射,是一个对我有着很大信心的期待。确实,我这些年做了很多不着边际的事情,只培训心理咨询师,只为未成年人提供公益咨询,员工跟着我也没有挣到钱。不是心理学不挣钱,而是跟着我做这些事情暂时还没挣到钱,这也是我甚为惭愧的地方。

惭,是一种羞耻心,是因为自己做得不好、做得不到位、做得不规范、做得不专业、没有什么效果,对自己反思的一种批评,也是真诚地认识到现实中确实不够好。这种被称作"惭"的羞耻心,会让自己踏实下来,会扩大自己的容受力,会扩大视角与心胸,会让自己慢下来,不至于跟着想法跑了,不见真心。

愧,是一种敬畏心,也叫恭敬心,是因为自己的渺小却自以为是,自大地做了些什么，夸大了自己的能力、影响，对自己或别人产生了不好的影响和作用，觉得对不住人，对不起本原清净的心。这种自大让自己狂妄、瞧不起人、把人分为好的和坏的，人为地把什么都分为不同的界线，都拿过来作比较，以此找些安慰自得，让自己生活在虚幻之中。

这位同学、兄弟，就是很实在的，几年前就在关注我的进步和发展，到现在也没有放弃，真的很感动，我非常感谢他这么多年的关心，也感动他对我有信心，一直抱有希望。这么多年的关注不是所有的人能够做到的，而他做到了，虽然有时候以观察的身份和方式出现，但他的心始终没有变过——没有变过对我的期待，只是不太确定他自己那个"我"有没有像对待我一样的用心，有没有像对待我一样的深情。

我现在能够心胸大一点点，能够进步一点点，都是得益于像他一样对我有信心、有希望、有寄托的人的关注与批评。他们以自己的方式提醒我，让我有机会做更多的体会与思考，更多的反思我与他们的关系，反思我与我的关系。

能够接受如他一样的人的赞扬、批评甚至别的什么，实在是我的福分。这也叫善根吧，这么想，让我的心平静而踏实、宁静而坚定。

更重要的，将他人任何对待自己的方式定义为"善"，美妙的"羊"字头暗含有未羊所在的坤宫坤德：地势坤，君子以厚德载物，能够看到"善"本身就是善的基因在起作用，而能够用善于己、善用自己，恐怕也是善的基因吧。"羊"下面的阴爻符号是一个虚的、阴的、可变的、有弹性、涵容的空间，而那个口在下面恐怕是将入口与出口连同那个口腹之欲的口放到最末端吧，善意坤德入得口来，非此也就堵在门外了。

集善，只是汇聚善的因素，累积善的关系与资源，品味善心善念。善的多了，恶的就少了，不和谐的元素就少了，距离完整的整体光明就近了。当只有善的时候，那个心性就创造了一个无限光明的善因。而此善因，是打开自性光明的环境准备，基础越牢固，悟的基础与可能性就越容易深入。

集善至至善，达到"止于至善"的境界时，那个善——自然生命力的力量保持住的时候，也作为唯一标准的时候，人的心量广大的基础就具备了。而这个条件的具备，是在为心念的转变——确切地说是心念机制的转变作准备。当不再使用分别评价的机制的时候——俗语说的减少或者消除分别心的时候，那个心就归附于光明世界了。

而这个善，是心性本身，是生命力本身，是产生善心、善行，修成善果本身，是非对待的善，是不依于与恶相比照的善。

昔日梁武帝见达摩问自己修庙度僧"有无功德"时，达摩回应："了无功德。"为什么呢？因为修庙度僧是现象上的功夫，是会过去的成果，实在数量与事相上的建立和消除，而真功德在心本身。

元祖慧能大师说："见性是功，平等是德。"而集善，是在积累见性的条件，转心才是它起用的关键。

而因，是果的前提，是被"口"圈定的无边无际、无内无外的"大"。内在心性无际涯，而其行事则有其方圆，内心无限，外相"不逾矩"，其矩为行事规则与关系呈现的痕迹，"不逾矩"的，是那个通达心灵与事相本质的道法。菩萨畏因，便是悟透了那个无所不能、无内无外的心灵。

所以，能集善者，必畏其因果，畏其因果方会择善而从，才会从善如流。

梦

梦被视为"睡眠时局部大脑皮质还没有完全停止活动而引起的脑中的表象活动",也比喻幻想、妄想。有人类以来就有了对梦的研究,周公是其一,弗洛伊德是其一,荣格亦是其一。周公解梦,对应着周公理解的天道、地道、人道;弗洛伊德解梦,对应着压抑未实现的潜意识愿望;荣格解梦,对应着更多的集体无意识。

不久前,梦林讲述了一个梦,很短,很有立体感,很鲜活,没有人物,只有一个立体花瓶,瓶内插着一枝花。

按照精神分析理论,尤其是弗洛伊德流派可能很明显地会与"性"联系:花,象征女性生殖器,花的茎插入花瓶之内,这个插入的力量直接、深入。花瓶敞开也在吸纳着花枝插入。

花本身,既是性的呼唤者、唤醒者,也是性的施加者,它一方面展开性的召唤,一方面深深地插入花瓶,而花瓶稳定地打开允许花茎深深地插进去。

如此可以断定,这是一个性的呼唤,一个性身份的昭示:花与茎是阴阳一体两面,有可能这位女性来访者也是雌雄同体——女性与男性部分功能的合流,或者说是外显的两性特征,而本来的性别可能被掩盖了:花瓶也是,开着口,可是长长地立着,也是一体两面的含义;她在生活中一方面具有女性的生理特征,另一方面有着明晰的男性行动特色。所以有可能是压抑了她作为女性身份的能力和智慧,用了较多理智化的防御方式,对男性有较多的认同。

我作了另一部分解释:

花瓶——固定地展示、呈现美，表达美，稳定而持久地传达美的气息。一般来讲，花瓶的位置是固定的，它可以持续、长远、稳定地传递一种美的信息，但是也存在着固定不变的僵化、缺少灵动的特征。它可以是雌雄同体的：外面浑圆的立体与内在的空洞，或空间。它可能是有空间、有容量，也可能是某种匮乏、缺失或者创伤空洞。

花瓶一般是瓷器，易碎，但经历了变形锻造，经历了高温烧烤，成为有形质的存在，这个经历对于来访者而言是一个极其重要的经历，有其脆弱的一面，也有其坚强的一面，甚至饱含顽强的品质。其中的忍耐力、容受力、涵容也是清晰可见。从泥土到花瓶，这个过程经历了什么，恐怕就是来访者生命历程之中需要探索的内容，也是需要讨论研究和转化的过程。而为什么选择了花瓶这样一个表达方式或者表现形式，有否涉及她身份认同或者职业认可方面的困惑呢？

花瓶，是用来观赏的，是为了带给别人美感，是给予别人美好的感受与有质感、稳定的美的浸润和熏陶，她既彰显主人的品位，也能够照顾到观赏者的美感，是一个重要的联通渠道；既是有形质的存在，又是隐形影响力的执行者——在它所存在的空间稳定地传递着美的气息，影响着周边人的神态与情绪。

花瓶，又是陪衬，它不是主角，是用来表达主角的某种气质或思想的。就像咨询师，他不是主角，主角是来访者，咨询师需要永远深度地、智慧地、稳定地、灵活地、适时而恰当地陪衬着来访者，做好来访者心灵探索的二把手、军师、参谋，永远不是来访者本人，不可以替代来访者作决定。来访者需要有看得见、看得清、看得准的眼力与心力，也要有放得下、断得开、离得了的决绝与痛快。

花，外显的开放与邀请，成熟与成果转化的中介，既是成熟的阶段性成果，又是后面果实成长的重要前提和基础，或者是一种宣示。它依托于根茎，也代表着由根基成长出来茎、叶、花所衬托的核心，也预示着它之后果实阶段的到来。它是根、茎、叶、花与果实之间的关键连接，也是植物光华所在。

放在花瓶里的花，保持了植物光华的部分，美的展示与宣扬得到了充分呈现。问题是，花瓶里的花是有根的还是无根的？它的营养从哪里来？它的生机从哪里来？它的安全感从哪里来？它的生命力从哪里来？如果标的到人的话，有可能是她的价值感、归属感、团队感、社会支持系统需要考虑。花瓶里的花，有否离开它的土壤？是移栽还是空植于水？抑或是干花？它的生命滋养与动力来源，是一个极其重要的思考方向。

花瓶，呈现的是制作花瓶的手艺人的智慧和艺术——成就它的人常常隐于幕后、不为人知；表达的是花瓶拥有者或者使用者的癖好与眼光——拥有它的人是接棒者而非创造者，也是梦者情感与故事的使者与讲述者——花瓶与花或是梦者身前身后辗转流沛的写照。它是一个等待艺术鉴赏与破解谜题的超浓缩工艺大师的尽心之作，也是一个靠嫁接非紧密连接来呈现空间关系的组合。

花瓶的呈现之处，也是需要被看到，花瓶与花的意义就在于呈现美和传播美，不被发现的花瓶与花，恐怕只有"自赏"的份儿，如果有此可能，则需要考虑梦者内在的孤独与被镜映的需要，要考虑梦者希望被看到的是什么，需要一种怎样的看见。既然是隐而宣，则当然需要隐其所隐，也要宣其所宣，过度解读便亵渎了梦者。心领神会，洞然相见，或许是梦者借梦而不是现意识来表达的深层信息，抑或是梦者自身携带的生命困境等待着生命之匙。

或许，根的内容是需要给予考虑的，根植之处，可能就是来访者生命力量与价值感的重要来源，或许就是她的职业选择。把根扎在土里还是生活在营养水里？或者是干花？是其生存与工作是否落地的表现，也是其有否想象某个永久形象存在的象征——干花便是以结束活体的生命而转化成为尸骨作为存在的标志的,既可是一种永恒,也可能是一种利用或者被利用,既有价值的延续,也可能有价值的转移,因为干花有时候来自结束活体的联结,而不是等待它的自然归零。

同时,花瓶对花具有包容、包覆、承载、支撑的意义,花与花瓶有很好的合作关系、信任感和连接,只是被动安置与缺少流动感,恐怕是需要考虑的新内容。增加自主性、主动性、流动性可能会有帮助。

如若对二者再进行一点加工的话,可能是:花需要一个依托,一个花瓶一样能够挺举自己的空间或者配得上自己的平台或者角色,一个甘为人梯的、智慧的、有质感的陪伴者,一个看起来值得欣赏、用起来坚实有力、放起来安心舒适的合作者。而花瓶,需要一个能够将自己静态美点缀出动态精神的点睛之笔——那花,才是美的中心,才是美的集成,才是美的发言人,而瓶,可以衬托数种花,或许育花与陪衬花才是花瓶的真正使命,典型的助人者的象征。

所以,梦者,提出了一个生命的话题:如何是完整的生命呈现与表达,如何是周延与圆融,如何是精灵一点,自己的美如何透过全身而燃爆整个生命?如何借自己的有限之身成就无数美的人生?

梦,是一个"相",透过相,要看那个梦者!

相

相，会意字，《说文解字》："省视也，从目，从木。"

《易经》曰："地可观者，莫可观于木。"《诗经》曰："相鼠有皮。"后者是看的意思，有相面的相术，有省视、察看的意思。

左边的"木"与右边的"目"结合而成，它有两个读音，表示不同的意思：

读 xiāng 的时候有 4 个解释：①互相，如相识；②表示一方对另一方的动作，如实不相瞒；③姓；④亲自观看，如相亲。

读 xiàng 的时候有 12 个解释：①相貌；外貌：如长相；②物体的外观，如月相；③坐、立等的姿态，如站相坐相；④相位；⑤交流电路中的一个组成部分，如三相交流发电机；⑥相态；⑦观察事物的外表，判断其优劣，如相马；⑧姓；⑨辅助，如吉人天相；⑩宰相，如丞相；⑪某些国家的官名，相当于中央政府的部长；⑫旧时指帮助主人接待宾客的人，如傧相。

但是这所有的 16 个解释，都没有还原"相"本身所蕴含的原初信息——即"木"与"目"两个象形独体字结合在一起的原始意义。

木，为物质，为可观之物，为观察对象。

目，为眼目，为能观之物，为观察的工具。

能观的"目"要看到可观、被看到的"木"需要一系列的条件：①能观者视觉神经系统要正常；②可视的光线要充足；③"木"为物质实在；④"木"要在可视范围之内；⑤"木"相对稳定、有规律的存在；⑥"目"的注意力方向要在"木"所在之处；⑦"目"的专注力要在"木"之上；⑧可观之"目"与被观之"木"之间要没有障碍；⑨"目"与"木"的接触时间足够长；⑩大脑能够根据"木"与"目"的接触产生画面意象与记忆；⑪"木"与"目"所接触的画面意象可以被提取；⑫提取"木"与"目"接触信息的精神系统正常；⑬管理和运用"目"的功能之心力要集中；⑭具有识别、分析、整合能观功能与所观之物的功能；⑮具有从概念"木"与功能"目"分离回实体功能与自我感知辨析的功能；⑯具有将"木"与"目"接触形成的意象概念化的功能且功能正常。

只有具备如此多的条件，才能够成就相对完整的"相"。

所以，"相"这个字，不只是百度或者字典上呈现的表相概念和意义，其更深层次所表达的人与物之间的"关系"或者"关系丛"却被深深地埋藏了。

如此，需要回到"相"所表示的本原意义，讲的是人与自然的所有关系，或者说是人认识宇宙的方法——所有的认识都是人的感观功能与外界事物以及内在思想之间关系的表达，而这个关系的表达除去客观描述之外，所有的意义都是被建构起来的。根据这些被建构起来的概念产生的"人生意义"也只是在投射之间徘徊往返了。

更重要的，"相"所隐含的意义，一是提醒我们由"相"回归到"木"与"目"连接的所有关系的本来处，亦即因缘合和的道理；二是提醒我们要从所观所想所识之处分离出来，分离出心与物、心与境，且回归本心之处；三是提醒我们如何用"相"而离"相"，即见相离相而开悟见性；四是借"相"来呈现"目"与"木"的"相"的关系圈或者关系群，也提示耳与声与音的关系群、鼻与香与味的关系群、舌与味的关系群、身与触的关系群、意与法的关系群；五是借"相"及其生成与分解的关系来阐明一切存在"空无自性"的道理，显现"虚""无"的本质。

我经历过一个与此相关的故事，当时写下来一句记忆深刻的话：表相，偏离了真相。

"雪地里是否可以见到春？"一位朋友问我，"雪地里，冬天，怎的硬生生出来个春呢？"我在思维如何可以见到春，冬天本身就是因为春夏秋而分别存在的，何用再见到春？这是隐的，可否见到真实的春光、春景、春色？他出这个题目意欲何为？我仍然在思维处。稍许，他说，搭个温棚，种点花草不就是春色吗？春与夏、秋、冬只是一个温度之差，温度适合了，春就来了！

思维处，已经远离解决问题本身，借着说了个冬，就找冬天里的春，而不找春的本质，也不找如何可以见到春，硬生生联系那个被叫作春的东西。这是愚蠢与可笑的，找春，不在春处下功夫，却要寻找一个关系产物。心理咨询与治疗亦是如此，治疗的转机就在希望本身，亦在问题本身。

偏离即是祸害。

须顺

顺，除了通"训"时的"教诲"之意外，它的本义是指朝向一个方向，也指事情进行顺利，合乎心意。如《汉书》说："道理孝悌，天下之大顺也。"《论语》子路讲："名不正，则言不顺，言不顺，则事不成。"《周易·升》有言："君子以顺德，积小以高大。"荀子《劝学》曰："顺风而呼，声非加疾也，而闻者彰。"

而将顺用于跟父母的关系的时候，许多解读距离孝顺的解释有可能相距十万八千里。孝顺，最早语出《国语·楚语上》，原指爱敬天下之人、顺天下人之心的美好德行。后多指尽心奉养父母，顺从父母的意志。顺，与顺从父母意志之间，一个是心灵的通泰与事相上的合作切换流转无缝，一个是放下自己的意志顺从父母；一个讲的是内心如水的流动性，一个是表面的关系顺畅与和谐。这个孝顺的"顺"，是一个很重要的事情，很妙的经被有些和尚唱歪了。

顺，左边是"川"，是水；右边是"页"，是脸。所以这个字是"面色如水"，面色如水是什么呢？是内心平和饱满的外化，有了内心的平和，才会有脸色的柔和与舒展。

内心平和、宁静，不起波澜，是不分裂、不压抑、不对立、没有冲突的状态。它的外在表现是面部放松，放松的状态是自然的微笑，那个微笑的状态如水。内心没有冲突，就不会认同别人投射过来的无意识信息，就不会被那个信息控制，就不会有人我是非，就能够随顺外境，就能够内外协调，自在无碍。

内心如水顺畅，是心灵的宽广与安详，对世界的接纳与温暖。

所以，顺，这个面色如水，讲的是内心灵动、灵活、活泼、活力四射的正能量；讲的是外境的适应、顺利、灵活、合适。

水，流动变化，适应一切环境：定，可以为冰；动，可以为水；轻，可以为汽；变，可以为雾、为云、为湿。修心如水，上善若水，都指的是心灵的灵动、澄澈与光明。

这个顺，是孝的结果，是目标，是收获。孝，是事儿上磨，越是亲近，显露人性之优劣越充分，显示品性越细微，显发智慧越明晰。平常人在别人面前表现得很好，好脾气、好态度、好品行，到了家，脸就耷拉下来了。话说着说着就怼上了。这就是亲密关系有问题，就是心量太小，心里装不下亲密，装不下过度的要求，装不下过度的被要求，装不下苛责，装不下溺爱，装不下愚昧，装不下老去，装不下生病，装不下父母的不公平，装不下曾经被如何对待。一句话，装不下不同。再一句话：那个"我"太艰涩了，自我认同出现了严重的困难。

用心理学的视角来看，不顺就是客体关系的质量有问题，自我功能不健全，现实功能不灵活、不稳健。

顺，强调了心灵与现实功能的流动性、适应性、通透性，转换无痕，观念、认识、想法、行动自由切换。需要强调的是，顺的过程圆融、周延，而其本质——水是不变的，引申到心灵的时候，心性本体是不变的，这是顺的核心。用这个心态处理跟父母的关系，乃至于处理跟其他人的关系，都是顺畅的。

所以，孝顺，可以看作是以孝为修行手段，达成心灵与现实顺风顺水流畅的通达。懂得了这个理儿，再看"孝顺"这个事儿的时候，可能会有一个新的视角，如果父母内心是"顺"的，是平顺的，将其用于子女教育，是为慈；而子女把从父母那里得到的那个平和柔顺的照顾与教养，内化于心，形成体验，再返还于父母的时候，就成其孝道。

而从顺变成须，只需要一个强制就够了，过度认同，或者被情结、创伤所左右，机遇这个强制——控制力的增强或许与恐惧有关。当然，那个"顺"也就顺着强制和恐惧被削减了。

射

宋代大文豪苏轼是北宋中期文坛领袖，豪放诗文名满天下，诗词、书画、散文均成就斐然，位列唐宋八大家，其中有一首《江城子·密州出猎》，把苏学士胸怀千古、豪气冲天、纵横恣肆的气势显露出来：

老夫聊发少年狂，左牵黄，右擎苍，锦帽貂裘，千骑卷平冈。

为报倾城随太守，亲射虎，看孙郎。

酒酣胸胆尚开张。鬓微霜，又何妨！持节云中，何日遣冯唐？会挽雕弓如满月，西北望，射天狼。

先有"亲射虎"，后归"射天狼"。两射不同，也表现了苏轼思想深度的变化。

天狼星，也称作大犬座 α 星，是除太阳外全天最亮的恒星，但暗于金星与木星，绝大多数时间亮于火星，一般指天狼星A，其主系统由一颗蓝白色的蓝矮星和一颗蓝色的白矮星组成，质心距离地球约8.6光年。

重要的，是古人认为这个天狼星与外族入侵有着关联，古代把它的明亮阴暗与边疆的安危联系起来。为了防止外族入侵，古人在"狼星"的东南方设立了一把射天狼的弯弓——弧矢，这9颗星组成的"弓箭"十分形象，箭在弦上，弓已拉圆，箭头直指西北方向的"狼星"。古希腊人也认为这颗星不好，它的出现会带来植物枯干、男人的软弱和女人的烦躁。

射虎，古代流传着李广和孙权射虎的故事。《史记·李将军列传》："广所居郡闻有虎，尝自射之。及居右北平射虎，虎腾伤广，广亦竟射杀之。"关于孙权射虎的记载出现在宁嘉泰《吴兴志》："建安二十三年（218年）孙权射虎于此。"宜兴《湖溢镇志》称："公元218年东吴孙权射虎于此，坐骑为虎所伤，权弃弓折箭投刺，虎却。"

射天狼，意为抵御外侮，含有以身家性命抵外侮创天下太平的豪气与悲情。因当时宋弱辽强、西夏虎视，诗文解析往往把这个天狼对应着辽和西夏，而此诗也对应着苏轼当时的心境。1074年，因不满朝中改革派过度用权，自请出京的苏轼调往密州，此诗写了当时的苏轼借太守出猎表达雄风再展的宏图伟愿，一个"狂"字将他无视生死、甚至是以身赴死为国为民死而无憾的壮志豪情传神地表现出来。

此时的射，是箭在弦上的张狂，意满心狂，但是射与不射是皇帝说了算，自己空有报国志，无奈一生被贬谪。

可喜的是苏轼一生虽仕途不甚如意，然心境总在豁然成长之中，无论是他别开生面的《题西林壁》：

横看成岭侧成峰，远近高低各不同。

不识庐山真面目，只缘身在此山中。

还是他独步古今的《饮湖上初晴后雨二首》（其二）：

波光潋滟晴方好，山色空濛雨亦奇。

欲把西湖比西子，淡妆浓抹总相宜。

都是山川湖色有感而发，而其禅诗的抒发，却是思想境界的大转变，如他的《题沈君琴》：

若言琴上有琴声，放在匣中何不鸣？

若言声在指头上，何不与君指上听？

抑或他的《定风波》（节选）：

莫听穿林打叶声，何妨吟啸且徐行。

竹杖芒鞋轻胜马，谁怕？

一蓑烟雨任平生。

或者《题东林总长老》：

　　溪声尽是广长舌，山色无非清净身。

　　夜来八万四千偈，他日如何举似人。

乃至他的开悟禅诗《钱道人有诗云直须认取主人翁作两绝戏之》（节选）已达无境之境：

　　有主还须更有宾，不如无境自无尘。

　　自从半夜安心后，失却当年觉痛人。

《观潮》已有开悟之后的豁达与淡然：

　　庐山烟雨浙江潮，未至千般恨不消。

　　到得还来别无事，庐山烟雨浙江潮。

　　此时的苏轼，相比射虎与射天狼时的苏轼，多了千秋万世的宽广与因缘际遇的达观。如果说苏轼之射与后来的开悟是儒家入佛家的见性的话，一则道家的《不射之射》别有其美：

　　《列子》讲述了一则纪昌学射事，故事应为两节，一节是纪昌跟随飞卫学箭，飞卫曰："尔先学不瞬，而后可言射矣。"二年后，纪昌练到了"虽锥末倒眦，而不瞬也"，飞卫说他还没有学到家，必须回家再练习"视微如著"方可。纪昌三年之功习得了视虱子如车轮一样的本事，"乃以燕角之弧，朔蓬之竿射之，贯虱之心，而悬不绝"。本事是学到了，杀心也起来了，为什么呢，他想做第一，成为世间唯一的射箭高手。于是寻机要箭杀他的师父飞卫，看来这嫉妒心一起，功利心一生，人也就不称其为人了。其结果是师父随身取物就可以为利箭，这一惊之下，纪昌惊骇，回到现实。

　　如此利害的纪昌，学得了"射之射"，眼中有物，心中有恨；但当不能箭取师父飞卫性命之时，甚觉惊悚，恐再生杀心，"泣而投弓"，与师父"相拜于涂，请为父子。尅臂以誓，不得告术于人。"这并不算一个结束，这个中点，是启发纪昌回转的关键事件，想来是那个成名后的杀心震撼了他。于是他再求箭道，投身于甘蝇道人门下——那位不用弓箭而使苍鹰藏头落地的老者。习道九年，回到邯郸老家之时已是一个慈眉善目、与世无争的老人，已无心于术，不识心之弓箭。悟得"至为为无为，至善为无善，至射为无射"，成不射之射。

所以，射，不在身的功名，而在方寸之心。方寸之间起了功名利禄或者声闻犬马，那身体也便力行。倘若方寸之间无杀心，那身体便也平安无虞。

射者，不在射，在心。

无心，也便无射。

菩提

菩提一词，源于梵文，意为觉悟、智慧，是断绝一切苦恼见性证真的大智慧，尤以佛陀智慧为无上菩提，叫作阿耨多罗三藐三菩提，译为无上正等正觉，无上正遍知。

我们对菩提的了解大约会跟神秀与慧能两位大师的故事有关。昔日，五祖弘忍让徒弟们做偈参研见性之道，神秀大师写一个偈子：

身是菩提树，心如明镜台；

时时勤拂拭，莫使惹尘埃。

以身心为智慧本体，勤修苦练，护全道体，是神秀大师当时的境界。而六祖慧能对照此偈亦作一偈：

菩提本无树，明镜亦非台；

本来无一物，何处惹尘埃。

一句横扫，荡尽身心世界，天地寂然。

神秀大师的渐修之法，以身心为依托，修个依归，保全道体，生到极乐世界也是蛮好的，于我等资质平庸之辈已属福泽。而慧能大师的无树非台之举，直刺刺地断掉思绪，使读者脑中一片空白，有的疑惑不解生起一个疑情，有的呆若木鸡无思无惑，有的瞬间空寂光照太虚。

获得智慧菩提，需要修八正道，修般若见，修戒定慧，修八万四千法。其实修法越多，说明烦恼越深，因为所有的佛法都是用来转化断除烦恼的，每一个方法都是针对不同的问题设立的，烦恼一断，方法即无。生为普通人，从佛法中悟得一法，已属大利，无须贪著。有几个小故事，引起思考，也算有缘。

肉身菩萨的提示

　　几年前在九华山学习，有幸参观了几处肉身菩萨。真是不得了，一个人修行，这些肉身菩萨是死后才被封为"菩萨"的，原来都是出家人，有的做主持，有的做监事，但有一个共通之处：生前都做好事，开导百姓智慧，引导百姓向善。还有一个外人无法了解的神奇之处：修行。修什么呢？

　　（一）修身

　　身体通透，行为济世。这是这些被称作"菩萨"们外显行为中的共同之处，也是他们所说的"相"。比如他们会剃头，会穿僧衣，不吃酒肉，讲规矩。他们用戒律来保护自己不产生或消除欲望。一个普通的人信了佛要守"五戒（不杀生、不偷盗、不邪淫、不妄语、不饮酒）"，一个出家人大概要守二百到五百多条。简单讲就是让自己越来越单纯，只想清净的事，只做清净的事，让自己身体尤其是心里负累的事不做或少做。

　　（二）修心

　　内心清净，没有烦恼。这是这些"得道"的修行人共同的地方。他们都是佛的弟子，每天大部分时间都在念佛，或者入定，或者行于教化，他们自己不生气、没烦恼，在老百姓中生活，可是又超越于百姓生活，因为他们没有老百姓对生活的担忧，没有百姓对世事的好坏的评论，没有张家长李家短的见识，也没有物价上涨的压力。无论他们外在做什么，内心都很开心，用他们的话说叫"欢喜"。

　　只从这两个角度来讲，肉身菩萨肯定是不够的，但本人不进行这方面的研究，所以无须深入。今天意在思考这种现象带给我的粗略的想法。

　　1. 他们的精神象征意义很积极。菩萨或者佛的现实意义用毛主席的话讲很简单，就是"为人民服务"，翻译成佛家的语言是"诸恶莫做，众善奉行"，这很难做到的。再次套用毛主席的话讲"一个人做一件好事并不难，难的是一辈子做好事，不做坏事"，做到了就是菩萨。因为难，所以我们现实中见到菩萨的时候不多，也不容易相信有菩萨。没有精神的榜样，没有现实的楷模，就会使得我们内心恐慌，谁也不信，甚至连自己也不相信。

2. 他们的心理学意义很健康。这些被称为菩萨的精神领袖们，是无欲的、是无私的，因为他们不参与和我们的竞争，对于我们是安全的；他们从来不会强迫我们做什么，对于我们是舒服的。当我们遇到困惑或困难的时候保不准他们或者他们的弟子，以及他们信奉的经典还会帮我们减轻压力、轻松生活。我们没时间也没那个心境打打坐或者参参禅，心里装的事儿多，恰好他们心里装的事儿少，只有一个生、一个死，别的事儿不管。所以借他们的学习体会给我们一些参考，多少明白点什么也是有益的。

3. 他们的社会稳定意义很突出。这些得道的人不参与竞争，也就不会搞团伙，不会拉帮结派，不会弄虚作假，他们的智慧和能力不参与这些，就减少了矛盾和冲突的发生，而且他们还帮助别人活得明白些，劝诫某些人别做对人民有害的事情。同时他让一些人有点精神寄托，有个归属感，想清楚点，多为家人添欢乐，多为大家作贡献。做好事的人多了，自然社会就稳定了；做好事的人多了，自然大家心里就踏实了；做好事的人多了，自然竞争就减少了。多为别人想一点，自己烦恼少一点，这是实实在在的心理健康教育。

还有一个思考：因为从另一个角度来讲，我们是通过工作、事业来了解生命的意义的，是通过与人打交道、与产品、与事业打交道来实现的；他们是专职研究生命意义的人，通过与自己打交道、与经典打交道来实现。我们更多的时间跟事儿在一起，他们更多的时间跟自己在一起。想要身体健康的人也可以把他们以及他们的做法作为一个参考：这些肉身菩萨人"死"了，身体能够不腐化，说明那个肉身还饱含着生命力，生命力未死，所以不腐。这绝对是身体健康，这也是一种长寿。我们如果能够锻炼得不生病已经是很大的幸福了，至少省了打针吃药做手术的费用，也就不会因为花钱闹得家庭不和，搞不好还会因为钱花了病没治好，死也死不踏实，也别陷入医疗纠纷之中，因为骂人时自己也很耗损的。

现在宗教政策开放了，大家可以信仰自由，但对大多数人来讲信佛是迷信，看起来不正常，因为大家都是无神论者。事实上有神没神我们是不知道的，因为我们从来没有见过神是什么，也不知道我们之前或死后的世界会怎样，准确地说都在迷信状态。所以，对于有神无神我们回答"不知道"是比较合适的，或者回答"我没见过"，这样我们心里不会忐忑，因为这样的回答让我们心里踏实。

还有他们要遵守的"戒"，有时候也让人望而生畏。其实这个"戒"翻译成老百姓的话叫制度、叫规矩，它像我们马路上的护栏，是一个保证安全行走的措施，我们都是可以做到的。比如"五戒"，我们许多普通百姓也是做到了的。如不杀生，除了从事屠宰工作的人，很少有人杀生，就连最容易拍死的蚊子，也多数会用驱蚊水或者驱蚊香将其赶走，客观上减少了杀生的现象。这实在是培养容受和尊重的方法，心里不至于因利益驱使而猎杀动物，也不至于因小蚊子为了生计之事咬了我们一口，就让它惹来杀身之祸、承担杀身之苦。

这与我们从事的心理健康教育的方向是一致的。好比一个人要想考上大学他就必须给自己定许多规矩，比如早起、不迟到、不看电视、80%时间用在学习上等等。这个戒，好理解，在国家叫法律，在单位叫制度，在家里叫规矩，无非叫人越来越好而已，只是他们做得更加精确，因为见了别人有困难或危难不帮都算犯戒的，而我们世人"莫管他人瓦上霜"的能力与修为是比他们强了些。他们不怕惹"麻烦"，因为这是他们的工作；他们不怕有危难，因为这是他们的责任；他们不怕为救人搭条命，因为这是他们的本分。我们常人不敢，是因为我们拥有的太多：有钱，就怕钱没了，少挣了都抱怨；有地位，就怕下台了，因为这个地位把他供起来了，下来就少了蜜语甜言实惠享受；有美貌，就怕变老变丑了，因为这个美貌为她带来了太多的"实惠"，这个美貌没有了，宠爱和价值也就没有了。还有一个差别，他们做了，就过去了，就像那个背美女过河的和尚，心里清净；我们没做，心理上内疚，外面事儿没沾，心里可惦记久了。时间长了，心理内存就被占用了，清盘不及时，就产生心理问题，再不会清理，就在身体上生出些疾病。反正是该干的事儿不干，迟早会发生点作用的。

菩萨有没有我是不知道的，因为没有菩萨告诉我他是菩萨。但我愿意相信有菩萨，因为他有人情味，还有动物情味，还有山河大地情味，这种情怀、胸怀、境界能够让我有一种宽广的向往，一种更加自由的向往，让我觉得还有更好的路可走，永远有希望。

肉身菩萨怎么修成的我也不知道，因为他成为肉身菩萨之前我是不认识的，也不知道他是怎么做的。但我愿意相信他是真的，因为能够在死后还拥有这个身体，光以这个身体回报父母——孩儿很珍惜你们给我的这个身体、你们给我的这个身体很结实——也足以尽孝。

有没有菩萨呢？也许你就是。我只需要修炼一双认识菩萨的眼睛，从肉身，到你我的心灵。

孔子与颜回的生死情仇

子畏于匡，颜渊后。子曰："吾以女为死矣。"曰："子在，回何敢死？"（《论语》）

大义：孔子路过匡地受到围困，师徒失散，颜回最后逃出来。孔子说，我以为你死了。颜回说，老师在，我颜回怎么敢死呢？

这是一段真实生活场景的记录。混乱之中，孔子担心颜回死了——颜回是孔子最关心的弟子，他这种担心是人之常情。颜回经过离乱再见到老师，当然异常高兴。所以他说老师在，我颜回怎么敢死呢？

这段话既记录了孔子与颜回之间的师徒深情，又表现了颜回对孔子的深深的信仰，在生死离乱之际，颜回的全部信念都来自孔子，只要有孔子在，再大的困难都不是困难。孔子已变成了颜回的精神支柱，支撑着颜回的生命。然而不幸的是颜回最终还是死在了孔子的前面。

精神分析怎么说？颜回："子在，回何敢死？"精神分析可能会在这个地方读完上述师生情深之际，再读到"老师没死我怎么可以死呢？"既有服侍老师、陪伴老师之意，也可能有"活过老师之意"。

事实上老子不死，儿子很难真正长大独立成人，因为童年的老子是力量、智慧、权威的象征，而儿子是被支配的。所以那个权威的符号在，对儿子的潜意识影响就大一些。而老子死亡的仪式，是帮助消除儿子现实与内心权威的现实体验：权威于弱小者面前出现，到消失于生命长河——权威会来，也终究会去。失掉权威，才能回归自我。

所以，儿子潜意识内心想让父亲死去的愿望也就可以理解了——让那个权威死去，也就是让自己的弱小死去，还自己独立的完整。

孔子与"事鬼神"

论语中有一段话，讲季路请教孔子问题，什么事？"事鬼神"。孔子怎么说？"未能事人，焉能事鬼？"多数人会把这个故事作为"子不语怪力乱神"的同义语，就此遮掩过去。因为许多人已经不懂得什么是鬼神。

鬼，是一个负性或阴性能量的聚合体，在汉字造字之初，古人已经把这个意思说明了：鬼字，中间是块田，上面一撇，是初春刚刚露出地面的嫩芽；下面的"儿""厶"搅和在一起的，是根须。它表达了这样一个现象：初春，惊蛰之后，种子发芽，地下能量复苏，根须生长，之后幼芽破土而出。很少的能量，以幼芽的方式出现在显性的世界，阳性的世界，而大部分的能量仍然集中在地面以下，那里的能量是偏冷的，阴的。所以"鬼"，讲的是一个负性能量或阴性能量的聚合现象。

我们骂人会讲鬼子，是说这种人失去了人道，不干光明正大的事，尽干偷鸡摸狗、男盗女娼、违背伦常的事情。也有人欣赏别人经常会出些"鬼点子"，是说，有人会在复杂的现象中走些"奇"路，虽非正大光明，但会起奇效。还有人被说是"鬼心眼"，这些都是与光明相对的，不能登堂入室的东西。那"见鬼"呢？亦复如是，以为做事万全，意识不到会有突发事件致使事情功败垂成、功亏一篑，或面临巨大的威胁丧气地说："见鬼！"

那神呢？是神奇、超能量的聚合。"神"左边的部分，上面的点横，可以理解为两个横，一个天，一个地，代表宇宙自然界；下面的字像"小"的"川"字，是坎卦，转九十度就是乾卦。无论哪个卦，它说的是一个意思：自然现象。所以左边的完整解释叫"上天垂象"，就是天地宇宙呈现的自然现象。

右面的"申"呢？首先是日，太阳，是太阳系里恒星的代表，代表太阳系，也可以进而扩大代表宇宙，三横是天地人三才，中间的一竖，代表贯穿宇宙天地人的神奇能力。所以这个字讲的是能够从自然呈现的现象是悟透、了解宇宙生命的真理的人，叫作神。它传递了几个信息：①宇宙世界是可知的，借着它显现、呈现出来的现象，可以接触、研究、了解宇宙；②人具有了解、认识、研究宇宙自然的能力，透过天——自然、地——我们的生存空间、人——万物灵长，是可以认识、了解和使用宇宙自然的；③这个认识、了解过程是神奇的，宇宙自然本身是神奇的，人是奇妙的；④这个认识、了解的过程不可言说、不可思议，因为它的神奇、神妙超越了普通人太多，只能是"超能力"的超人——神人，才可以做到；⑤自然宇宙、天地和人的形成与存在，是奇妙的，神奇的，神异的；天工造化，不可琢磨，不可捉摸。

孔子读易，韦编三绝。这个故事告诉我们孔子是懂"鬼神"的，他学周易而作"十翼"，用儒家思想系统解读了卦辞和爻辞，加入了人伦纲常的内容，把神奇、神妙的"天机"转化成为生活可见、可思的生活事件。那既然他知道鬼神，为什么不直接讲，而说"未能事人，焉能事鬼"呢？

孔子知道，人要是知晓了宇宙自然的秘密就会遵循天道，不会枉为，不会逆天，不会做违背自然规律的事情。但是如果仅仅知道一点点呢？往往人会追求"本事"，追求神异，追求神勇。干吗？以奇索财、以神制人。没有思想、没有天德、没有道德的人"可由之，不可使知之"，能生活就很好，不会做坏事，但知道一些而没有完全弄懂，或者知道了但本人道德差，不遵循天道，他就会借助易经的预测能力，借助对天道的了知胡作非为、倒行逆施，甚至助纣为虐、为害一方。

同时，孔子还是告诉了季路应该怎么做。怎么做呢？"事人"，了解人、研究人，把人做好。把人做好，就是循天道，遵人伦，守心不移，不动机心。对权钱美色不动心，助人为快乐之本，没有了私欲。这是人做好了。

人做好了，就可以"事鬼神"了。为什么古代学个什么技术做徒弟要三年？给师父洗脚倒尿盆，是在洗心，是在养德，打掉机心，保养道心，能够与师父没有二心——这是传承的时机。亲其师，信其道。亲近师父，与师父在内心保持一致，运用那个技术才能够得之于心、应之于手。刚开始学习就想分析，就想判断，就想创新，就想扬名天下，就想独树一帜，那是学不好的，师父也不会教，因为"人未成""则成鬼"——动小心思、生小心机，不守规矩，不遵人伦，私欲很深很重。

所以三年来考察一个人是不是能够配得上这个技术的传承，老实到无心的程度，不生异心，不生奇心，不生成心，连想成就的心都没有了，那就学成了，技术一点就破。但是如果这个修不成，而学了技术，有了权力或财富，人就知道庸医是怎么害人的了，腐败是怎么产生的了，色情是如何出现的了。

所以，先事人，就是先了解人，先做人，先与人为善，先做到知人心通天心——知人，便是知天地，因为天地造化均在人这个"小宇宙"内全部呈现：心为太阳，眼为月亮，骨为山河，肉为大地，液为江河，发为草木，呼吸为风，哭泣为雨，笑为明光，愁为惨淡，生儿育女即为耕种播撒，秋收冬藏即为守阴抱阳，念头即为众生，思虑即为川流，生而成形，死而归尘，哪一个不是宇宙自然的造化之功？这一系列的"知己"的过程，就是明心、明德的过程，就是做人的过程，就是知天的过程。知了，还要守，就是孔子说的"述而不做"，遵循它，而不创造，用好它已是万全；就是释迦如来说的"无一法可说"，如来所说法皆是宇宙天地自然之音，没有一个是释迦老子自己创造的；就是老子的"道可道，非常道"，道本身自然说法，而非俗人恒常讲说之道。演说宇宙自然本体而已，没有胡乱猜测。这个时候，才算完成了"事人"，才具备了"事鬼神"的基本道德基础。

因为事鬼神，就是要借助不可测度的神奇智慧与力量，"与天地合其德，与日月合其明，与四时合其序，与鬼神合其凶吉"，谋造福祉。是以圣人为腹不为目，为什么呢？因为《老子》说"五色令人目盲，五音令人耳聋，五味令人口爽，驰骋畋猎令人心发狂，难得之货令人行妨"。所以，古人所有事只一个目的：修身成人，明了道德。

所以孔子说：事人为先，事鬼神为末。事鬼神，运用神通，是要服务天地、化育苍生的，舍此，不可事。

孔子生死鬼神事

季路问事鬼神。子曰:"未能事人。焉能事鬼?"曰:"敢问死。"曰:"未知生,焉知死?"(《论语》)

大义:子路问孔子,怎么侍奉鬼神呢?"事鬼神",就是侍奉鬼神、祭祀鬼神。孔子怎么回答的呢?"未能事人,焉能事鬼?"孔子反问:你还不懂得侍奉人,怎么懂得侍奉鬼神呢?子路又说,我斗胆请问,什么叫死呢?孔子说:"未知生,焉知死?"你尚且不懂得生,怎么懂得死呢?

这两句话很精彩,是孔子宇宙观的展现。

孔子"五十学易而知天命",对宇宙的认识是很深刻而完整的。人与鬼,生与死,是一对关系,彼此同体而异象,一理而二象,是一种事物的两个侧面。

比如人与鬼、生与死,是人的两种生存状态,是生命存在的两种形式。《易经·系辞》上说:"易有太极,是生两仪。"太极是"天地未分之前,元气混而为一,即是太初、太一也"。两仪呢?唐代孔颖达说:"不言天地而言两仪者,指其物体;下与四象相对,故曰两仪,谓两体容仪也。"

简单说,是阴阳,是事物的两面性。也可以认为是意识与潜意识,显露的和隐藏的,阳光的与黑暗的。

有人说,孔子"未知生,焉知死"是讲不知道生怎么知道死?好像知道生是了解死的前提。这可能是个误会——说误会太谦虚了,实在是因为不懂。

因为生死不存在先后的问题,它是同时存在的,就像手心手背,是同时存在的,世上不存在只有手心而没有手背的人。这在《论语》里到处都有明示。君子坦荡荡,小人常凄凄;君子之交淡如水,小人之交甘若醴；君子和而不同，小人同而不和；君子喻于义，小人喻于利……都是把君子和小人同时讲的，没有君子也就不会存在小人，没有小人的存在，也就没有所谓的君子。也就是"圣人不死，大盗不止"，一切的存在都有两面性，相互依存，互为存在基础。

那意识与潜意识呢？也是如此，只要谈到意识，就有一个意识不能接受的潜意识出现，否则就不完整，也就不存在潜意识一说——潜意识讲的就是意识觉察不到的信息，是对意识的补充和完善，补充了，心灵就完整了。创伤与治愈也是，有创伤，就有治愈，那创伤存在的前提和基础，就是接得住创伤存在的那个生命力——那是治愈的最基本力量。自杀是两个力量相等——创伤与治愈同时消灭，创伤的力量有没有大于治愈的力量呢？从来不存在。因为治愈的力量消失时，创伤也不存在了。

所以，理解"未知生，焉知死"讲的是生死同时。后念生时，前念已死，而生的同时死即发生。体会生时，即是体会死亡，体会失去。受苦人，只体会到一部分；智慧者可体会三者：生、死以及生死过程的转换。所以"道生一，一生二，二生三"，一即是二，一即是三；二即是一，亦即是三；三即是一，亦即是二。从无分别。

人鬼、生死，如是。

所以，要说菩提是个什么，恐怕难以有个实物可见。但若没有个什么存在，你又怎知那事鬼神与生死的解脱之道呢？

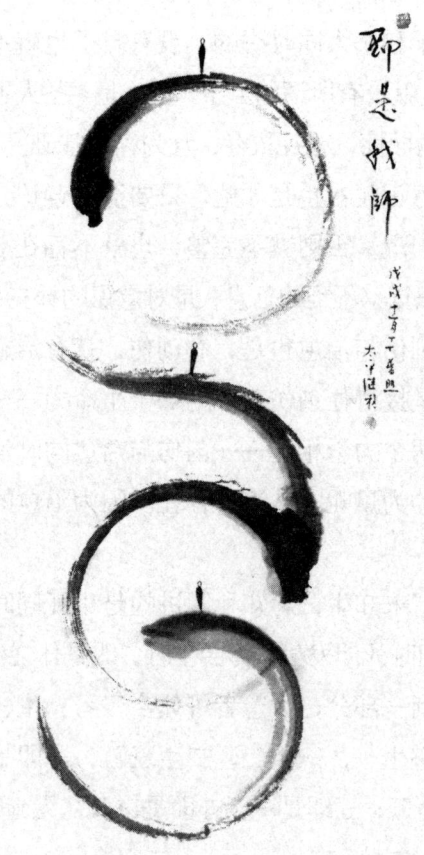

即是我师

师自潮头立,即是我心头;

念念不失念,无念不弥陀!

(画:太平继程;诗:作者;2019 年 1 月 1 日)

觉

觉 **覺**
楷体　篆体

觉，从学从见。有两意，睡觉或者觉醒。本文重点说觉醒。

觉，读 jué 和 jiào。读 jué 时指人或动物的器官受刺激后对事物的感受辨别。醒悟的意思。这个解释并没有将"觉"这个字的用功方法和目标表达出来，显然编者并不知道这个意义。

《说文解字》："觉，悟也。从见，学省声。"

《庄子·齐物论》："且有大觉，而后知此大梦也。"

《白虎通》："学之为言觉也，悟所不知也。"

《左传·襄二十一年》："夫子觉者也。"

《姚崇传》："佛者，觉也，在乎方寸。"

《魏书·释老志》："浮屠正号曰佛陀，华言译之则谓净觉。"

觉（覺），讲了一个学习的目标和过程：最上边，也是最外边，是学字头，双手持爻探索宇宙人生；中间的"冖"是字也是心灵，其内是学习的终极目标；见，既是能见之功能，也是能见之本性，还是可见。学字头，已经有了探索宇宙世界的方法和工具了。如果说"学"是为了打开人类生而本有的智慧，那么"觉"就更为明确地告诉我们用功的方式方法和目标：见。作名词用时指的是这个功能，是心的本质——能知能觉是心的本性，是心的本来；而用作动词时，就是一个动宾结构的词语来表达一个完整的意思了：用一个"见"的能力，见到这个"见性"，见到这个"性"，人的本性，世界的本性，一切事物生而就有的本性。

据说人有三种觉：先知先觉、后知后觉、不知不觉。

先知先觉，指的是圣人。比如东周时期的庄子，庄周，被称为著名的思想家、哲学家和文学家，且是"文学的哲学，哲学的文学"家。与老子合称老庄，是道家学派的主要代表人物。庄子最早提出"内圣外王"的思想，影响后世几千年。他深通易理，指出"易以道阴阳"，以其《逍遥游》和《齐物论》等名篇留于后世。有两则故事，可以说明庄子的先知先觉：

庄子与楚臣

庄子钓于濮水。楚王使大夫二人往先焉，曰："愿以境内累矣！"

庄子持竿不顾，曰："吾闻楚有神龟，死已三千岁矣。王以巾笥而藏之庙堂之上。此龟者，宁其死为留骨而贵乎？宁其生而曳尾于涂中乎？"

二大夫曰："宁生而曳尾涂中。"庄子曰："往矣！吾将曳尾于涂中。"

庄子与惠子

惠子相梁，庄子往见之。或谓惠子曰："庄子来，欲代子相。"于是惠子恐，搜于国中三日三夜。庄子往见之，曰："南方有鸟，其名为鹓鶵，子知之乎？夫鹓鶵发于南海而飞于北海，非梧桐不止，非练实不食，非醴泉不饮。于是鸱得腐鼠，鹓鶵过之，仰而视之曰：'吓！'今子欲以子之梁国而吓我邪？"

以上两则故事，讲楚王和梁王相邀授以高官或国相，而庄子不为仕途所惑，早已深知官场、名利场之黑暗肮脏，以喻相辞。若是普通人，则会满怀喜悦感恩垂涕相拜，而对于庄子则简单到了一句话、一个小故事便干脆相拒的程度。故说，庄子为先知先觉——事未发而知，事未生而先觉。而另一个官至宰相者却至死不知。

秦相李斯

据说"性恶"学说的创造者荀子的学生韩非、李斯之流全部为智力大成而死于非命，说明荀子选人目光之独到、精准，借传人而传"恶道""性恶"之说于他们身上体现得"极其完美"。但智巧如斯的法家代表其觉性却是差得很，比如李斯。

李斯是秦朝宰相，《大秦律》的制定者和执行者，被称作秦始皇暴政的"铁杆执行者"，他制作并应用到别人身上的刑罚既残暴又恐怖，以他毒杀师兄弟韩非的故事来看，说他毫无人性或许不算过分。他自己背叛楚国投秦为吏，诬韩非含藏韩国公子之恨而伺机灭秦的谎言毒杀韩非，清除异己，坑杀儒生数百……

可笑的是，他前面设立的诸多刑罚也完美地应用到了自己的身上——他被合作者赵高谋杀。《史记》中有关于李斯被杀的文字记载："二世二年七月，具斯五刑，论腰斩咸阳市。"其法为："先黥、劓、斩左右趾，笞杀之，枭其首，菹其骨肉于市，其诽谤詈诅者又先断其舌。"

在被押赴刑场的路上，已经七十三岁的李斯对被判同刑的儿子说："吾欲与若复牵黄犬，俱出上蔡东门，逐狡逸兔，岂可得乎？"到死都不相信二世皇帝会杀他，还幻想着回河南上蔡老家去打猎，典型的、也是令人绝望愤慨的不知不觉之人。

我们是什么人？先知先觉？显然不是，因为先知先觉几百年才出一个，那需要心性足够成熟。不知不觉？也不大可能，因为有反思、有觉醒、有后悔知觉的人都会有所觉悟，深浅不一，但一成不变的可能性倒是不大。而李斯其为人，至死都不反思的，没有反省能力，好像是少一块神经链，没有这部分功能，所以是不知不觉。

既然我们处于先觉和不觉之间，那就有机会在觉知上多下点功夫，做一个有知有觉的人，也不枉为人一世。怎么觉呢？

贴近感受。体会任何时刻、任何情境、任何关系之下自己的情感体验，但尽量不陷进去，陷进去不容易出来。如果一旦进去了，也要在出来之后加一个反思：我怎么进去的？陷进去和不陷进去有什么差别吗？陷进去基本只能体会到相对单一的一种情感群落或少时的二种体验，或者体会到一系列的体验但不能停歇。这种情况就只能等过了这一阵儿再说，这种人要么不容易反思，要么熬到一定程度来个大反转的——突然明白了，一下子明白了许多。

体会感受。能够经常体会到感受，说明把沉睡的心灵激活了，感受、感知能力复苏了，也就是把压抑了许久的感知系统、觉知唤醒了。这个过程比平时以往痛苦要多一些，人变得多愁善感，眼窝儿比较浅，容易睹物思人，容易见情生情，也就是入戏很快，出来不易。不管怎么说，这个阶段是让觉知系统、感知系统开始工作了。

观察感受。在能够体会感受之后，就要开始多一个功能：观察。观察这个感觉带来的痛感、心情，比如失望、沮丧、懊悔、哀伤、嫉妒、仇恨等等，在细细地体会某种情绪情感的同时，增加一点观察的氛围，观察一下自己所看到的、体会到、觉察到细微情感的变化。这个变化可能是情绪情感本身的，也可能是想法、态度的，也可能是身体肌肉和皮肤的松动、温暖之类的反应。这些观察，就是在熟悉"觉"的功能，熟悉身体、心理与精神的反应，熟悉神经系统与认知、情感之间的关系。

离开感受。离开感受，先是离开一点距离，也就是有意识地用"观察"的力量和功能观察这个感受、想法的变化，同时不参与、不评价、不替代、不掩盖。这个过程，就是在进行神经系统与认知、情感的分离，分离的过程就是处理的过程，就是告别的过程，就是转化的过程。当能够在观察到感受，同时又能够让观察力与体会、感受本身保持比较远的距离，而且不会随着感受本身跑来跑去的时候，内心的定力就会越来越好，这个定力既是观察力，也是心力，是觉性有力量的表现，是觉性清澈的表现。

驾驭感受。当感受、体会、想法一经发生，就能够感知到，能够顺着感受、体会、想法的脉络观察它，却不进入它，始终保持一定的距离，不拒绝、不排斥，也不进入、不替代、不评价的时候，感受、体会和想法，也只是清清楚楚的感受、体会和想法，观察的那个力量也是清清楚楚。如此一来，身心清爽的感觉就会越来越多，感受、体会、想法，很细微的时候也会觉察到，这个觉的能力就越来越细密，渐渐就可以进入到"观"的领域了——即细细思维、深深的思维的能力。这个时候，也就可以驾驭感受了，随它来，也随它去；随它产生，也随它消逝。感受是感受，它有来处，也有去处，它不是我，我不是它。有个遇见，也有个告别，随其自然。

断掉感受。这个断似乎在普通人看来是不可能的，人活着除了隔离，怎么可能断掉感受呢？事实上，我们知道所有的感受都与价值观有关，也就是与评价体系有关，当断除感受本身与评价的链接的时候，感受也就只是感受本身了，它不会被利用。就是说，疼，也只是疼，与倒霉无关，与愤怒无关，与苦难无关，与无力、无奈、无助无关，只是单一的、纯粹的疼，只是疼，疼得很干净，疼得很细腻，疼得很清楚，纯粹的，没有其他杂质。

这个觉性，就是了解自己的最漂亮的功夫。

随着觉性的清澈直接的使用，直观力就会越来越好，直觉力会促进直观力的发展。佛家说粗思为觉，细思为观。心思越细密，直观力越强，直觉功夫越好。

最后,"觉"字的终极就是回到或证到了"觉"本身,证到了极其灵活地使用觉性,如菩萨明心见性,修到头了,就被称为等觉菩萨。若再修到了断尽一切烦恼、智慧、圆满,照尽一切烦恼、一切众生果报,包括佛菩萨的一切因果,就成佛了,称为妙觉。

我们普通人,有知有觉不堕落,已属不易。若在本觉处觉其根本,才是人生大智。

苦

有人问："什么是苦？"

智者回答："照镜子！"

问者大惑："苦是一种感受，跟照镜子有什么关系？"闷闷离去，百思不得其解。

有一机缘，问另一位智者："我曾问一位智者什么是苦，可是他叫我照镜子，我照了镜子更苦了——因为我没有发现镜子里有答案呀！"

智者微笑，用手沾了水，在桌子上画起来：眉毛就是人身上的草，两只眼睛是一横，一只鼻子是一竖，一横一竖是个"十"字，加上嘴巴这个口，不是一个活脱脱的"苦"？

问者眉心拧成了一团，更加迷惑。

智者再说："这个世界上只有人是懂得苦的，山河大地不懂，因为它无情。有情世界只有人有这个功能，动物没有，它只有受，没有思，没有觉。因为它没有智慧，所以才称其为畜生。畜生既是骂人，也是讲没有智慧的生灵，愚昧无知，就有如动物一般。人之所以觉得苦，是因为不认命——不认识命，不接受命，不知道如何改命，不知道如何造命。

苦是因为乐，苦是因为不接受，不接受是因为有妄想、有贪念、有幻想、有理想化。解决苦的方法，就是先认识命是怎么来的，它有什么规律，它会向哪里去，我们可以把握的地方是哪些？知道了这些，命就归自己管了，苦就可以消除了。"

问者适才提起兴趣，再问："命是什么？"

智者回答："有人说，生命一期一会，只有此生无有来生；有人说生命轮回，有个前世今生。这一切的说法，在你自己体会到之前，都不可信，都是迷信——都是在你自己无知的情况下选择了相信，都是第二手、第三手资料，不是第一手。用你自己的第一手资料去了解这个命运，就不再是迷信，也不是正信，而是'知道'。信是因为不知、因为无知；知道，是因为自己经验到了，它就是如此，所知不假于人。不在思维层面，而是在体验层面。如人饮水，冷暖自知。"

如此说来，人生来就苦，而且人生是大苦，为什么呢？

一为味道苦。《周礼·天官冢宰》："以苦养气。"《广雅》："而凡味之似苦，亦命为苦。"《素问·五运行大论》："苦胜辛。"

二为感觉苦。《月令》："则苦雨数来。又，苦者人所恶。故甘苦为物之美恶，亦为人之爱恶。"宋代苏轼《教战守》："其平居常苦于多疾。"

三为刻苦艰辛。白居易《与元九书》："盖以苦学力文所致。"《周礼·典妇功》："辨其苦良。"《吕氏春秋·诬徒》："从师苦而欲学之功也。"

另外还有受困、恨与怨嫌之意。《列子·汤问》："何苦而不平（苦于山挖不平）。"《史记·陈涉世家》："天下苦秦久矣。"

佛教有苦集灭道四圣谛之说，认为人知道痛苦，梵文的"苦"翻译为汉文，相当于我们所说的"不安的""心神不宁"的意思，类似我们说的"痛苦""焦虑""悲伤""不满""沮丧"等感受。佛教说苦是因为知道痛苦，知道自我是不稳定的、没有本质的，却偏偏抓住这个"我"不放。

用心理分析的视角来看，苦可能来源于自我理想化，来自对恐惧的恐惧。人一出生，就涉及与他人的关系，而幻想是人早期最初的陪伴者，但是早期无所不能的幻想与投射来自好妈妈的照顾。但是随着岁月的增长，渐渐发现妈妈没有想象的那么好，就不断发展出一系列的防御机制：不能接受妈妈和自己幻想的不同，于是在内心分裂出一个好妈妈、一个坏妈妈；不能表达或解决问题时，发展出压抑的功能，用否认来消灭自己所不能接受的事情和感受，用攻击来发泄不满进而减少焦虑的煎熬，用投射与投射性认同来完成控制确定自己的安全感，用性欲化来建立或保持关系，用移情来保持跟既往客体的关系和联结，用共情来深入体会客体内心世界……

　　人的防御水平有高有低。防御水平越高，说明越接受社会化，人格发育越健全，越接受实现。防御水平越低，说明共生现象越明显，越不接受现实。而越不接受现实就会越痛苦，越会情绪化，越会不稳定，越会被负性情绪所包裹，越会陷入情绪的陷阱，也就越苦。

　　分析心理学说，人的发展大约要经历三个阶段：母亲阶段、父亲阶段、自性阶段。母亲阶段，完成向母亲的认同与分离，认同得越好分离得越干净，获得了安全感与价值感的基础后，感性发展就稳定。发展得好了，相对完整地进入父亲阶段，发展不好的，就携带着未完成事件进入冲突的关系之中，带着与母亲残余共生的痕迹撕扯着进入下一个阶段。所有未完成的，都不会那么痛快地过去，而是以多种变形存在着、拉扯着、较量着、角逐着。

　　进入父亲阶段的个体，开始发展理性的部分，参照、比较、辨别的功能会越来越发达，个体开始形成三角关系：父亲、母亲、自己。这个三角形的边长就是自我成熟度，相对而言，等边三角形的稳定性是最好的，说明任意两个点之间距离相等，关系距离相当，空间相当，独立而完整。若边不等的话就会形成两两的结盟与第三方的较量和冲突，而冲突就是苦的机制。如果在父亲阶段，有效地完成了交友、爱恋、事业、家庭各个阶段的成熟与健全，自我功能的稳定与坚固，人就开始准备着思考生命的意义了，从个体发展转向关注群体，开始关注"我"的意义与人类生命的意义，开始朝向宗教与哲学的方向思考。

人在基本完成了对个体、家庭、爱情、事业、家国天下等认同与分离之后，进入一个对生命共性的思考，就从小我开始走向大我，再高级些就向无我方向发展，这个阶段人的思维方式就不再是以自我为中心，不再以自我为思考的出发点，而是群体，包括人类历史纵深与世界格局的时代性，思考问题看问题更趋向于本质性，现象的成分就越来越少，荣格说这是进入了自性化的阶段。

苦，在各个阶段都会存在，但是越早的阶段，苦的成分越多，因为其自我分化的程度越低，对环境的依赖性就越高。而越往后发展，就越接受生命的有限性、差异性与同质性这种规律性的现象。

接受，是最好的解决苦的方法。

不评判、不拒绝、不替代、不掩盖的接受，是最高级解决苦的方法。

接受万事万物的可变性或者无常性、不稳定性，也就无苦可受，也就苦尽甘来，也就离苦得乐。

梅花初点

梅花初点秋江月,春红醉泡四海茶;

游人不履山外地,冬雨浸透夏日花。

(画:太平继程;诗:作者;2018年5月19日)

根

《现代汉语词典》对根的解释达十余个：
1. 高等植物的营养器官，能够把植物固定在土地上，吸收土壤里的水分和溶解在水中的养分，有的根还能贮藏养料。
2. 比喻子孙后代。
3. 物体的下部或某部分和其他东西连着的地方。
4. 事物的本原；人的出身底细。
5. 根本地。
6. 依据。
7. 用于细长的东西。
8. 方根的简称。
9. 一元方程的解。
10. 化学上指带电荷的原子团。
11. 姓。

根深才能叶茂，不同的植物有着不同的根系，不同的根系决定着此种植物的生存方式与寿命。人的根在哪里呢？

人的根在定性，在深度、高度、广度，在心性。

定性，是人对生存的依赖程度。人的定性——包括稳定性、通透性、深度、广度和智慧越好，对生死存亡的依赖和需要程度越低。一个对于外界依赖度越低的人，越能够有自己稳定的思维和存在方式，所求越少，越不依赖，也就是活得越简单，活力越充沛，人就越自由。

深度和广度，是基于对生命本质的认识程度而言的，越是接近生命本质的认识，越具有深度；越是接近群体性生命规律的认识，越具有深度；越是接近生命历史性规律的认识，越具有深度。广度，与深度共同构成生命的根脉，是普遍性，不同地域，不同民族，不同时代，不同文化。

天人合一是中国文化之根，要人按照天地宇宙的运行规律来安排自己的生活，接受存在的无常性，接受不确定性。一切的不确定性都是"机"，都是可能性；一切的可能性，都是动态变化的，都是非唯一，而一切的唯一都是僵死的，都是不可变的，不可变的变成了了无生机。

人的注意力，或心思，对不确定性更为关注，对不确定、不可知、尚未明晰的事情，总是深怀好奇，因为这个不确定性动摇的是心性，是这个深怀恐惧的妄想，目的是稳定那个不确定性，确定了就安定了。

一场恋爱，因为不确定，所以总会多花些心思去思考，去琢磨，去揣摩，去营造，去争取……而另一场恋爱，因为确定，因为不变，因为没有了新意而变得"理应如此"。稳定了，心便安定下来，便把目光转移到不确定、不稳定的现象或事物上来匆忙应对。而稳定之后的生机也会伴随稳定而下降，怪不得有人说爱情要保鲜，因为在稳定的关系之上创造新的生机——继续变化的花样与新意，会呼应人内在的不稳定性与新奇感。整体的稳定与局部非质性的变化，会令人心生欢喜。

一份事业或职业的稳定，呼应了内在的安全感，而其数十年如一日的重复，却是让过于安全的关系变得没有了新意，那个生机没有了，那个不确定性没有了，那个运动的活力没有了，于是出现职业倦怠，于是抑郁症风行。

全民创业，激活了诸多的生命活力，激活了无尽的创造力，激活了更多的不确定性，也激活了诸多对不确定的恐惧、焦虑、不安，激活了人对更多的物质与名利的需求，被裹挟着进入新的不安和恐惧之中。为了寻求那个内心的安定感，人或主动或被动地搅进了外在物质的获取与拥有之中来换取稳定。社会的焦虑与个体的不安"有序地匹配"在一起陷入集体性的混乱之中。

天人合一，天地稳定地循环，稳定地绕着它的轨道运行。它的变化是稳定的有规律的变化，变中有定，定中有变。星辰的变是围绕着他的轴心而有规律地运动的，而人与其相合的不仅是现象上的运动，更应该有一个核心的或者轴心的不动的点，那个点就是人的不动心。

普通的人转圈，转一会儿就晕了，为什么呢？轴心不稳。舞蹈家一下子可以转好多圈也不会晕，为什么呢？因为他在围绕着他身体的轴心转，而且迅速调整到与轴心匹配的稳定的状态。还有，不倒翁也是围绕一个核心的点晃来晃去而不倒的，人的核心不倒的点就是那个心，那个不被欲望牵制的、有定力的心。这个有定力的心，就是人的根，就是根植于生命天地之间最为核心的粗壮的须脉繁茂的直根。

人的欲望，有一个根。它根植于一个未被满足的愿望，而那个愿望往往来自幻想，来自恐惧，也来自对"安定"本身的需求。

人的定力，有一个根。它根植于专注，根植于一个单一的情境。"心一境性"就是禅定的力量，就是心的定力，就是不被牵引的觉性。

人的智慧，也有一个根。它根植于灵活，根植于心性的灵活不僵化，随时都是活的，根植于心本身的因缘变化的特性。

根为本，这个"本"包含了天——上面一横、地——下面一横、人——中间的撇、捺，然后用一笔竖贯穿起来，这个贯穿进来的稳定性来自这一笔竖。《大学》说："物有本末，事有终始，知所先后，则近道矣。"

那么，人应该怎样修学来坚守这个根、这个本呢？仍然从《大学》里寻找理论依据："古之欲明明德于天下者，先治其国；欲治其国者，先齐其家；欲齐其家者，先修其身；欲修其身者，先正其心；欲正其心者，先诚其意；欲诚其意者，先致其知，致知在格物。　物格而后知至，知至而后意诚，意诚而后心正，心正而后身修，身修而后家齐，家齐而后国治，国治而后天下平。自天子以至于庶人，壹是皆以修身为本。其本乱而末治者，否矣。其所厚者薄，而其所薄者厚，未之有也！"

　　修身，即是修根！

　　修心，即是修本！

　　身心，即是我们人类的根本！

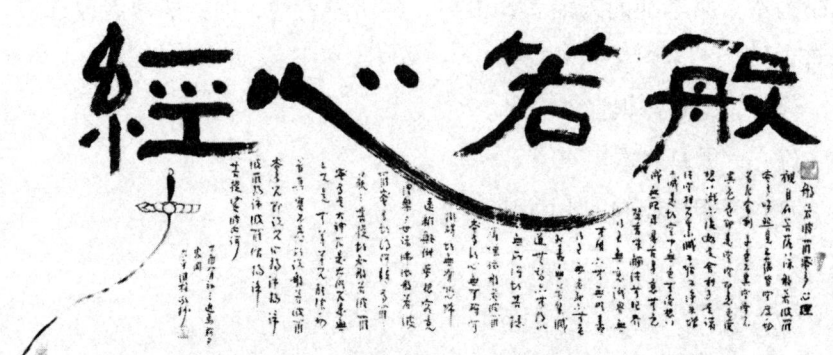

般若心经

般若心经观自在,心若晴空无去来;

槟榔树上槟榔数,因缘际会有善财!

(画:太平继程;诗:作者;2017年9月24日)